# 学校で育むアナキズム

池田賢市

新泉社

# はじめに

アナキズム関係のブックガイドである『アナキズムを読む――〈自由〉を生きるためのガイドブック』（田中ひかる編、皓星社、２０２１年）には、50冊余の文献が紹介されている。それを見ると、ここ10～15年の間に、非常に刺激的で、読みやすく、広く読まれることを前提としたアナキズム関連図書が出版されていることがわかる。これまで日本では「無政府主義」と翻訳されることで、アナキズムはとても「危険」な思想のように誤解されてきた。しかし、いま、アナキズム再考の流れができつつある。

そもそもなぜ「無政府」ということが「危険」なのか。そう認識される背景には、権力による支配がなければ秩序は維持されないという思い込みがある。日本ばかりではなく、このような誤解は、西欧においても同様であった。しかし、フランスのプルードン（１８０９－１８６５）を代表として、アナキズムの思想が「権力支配を排除した相互扶助」としてよみがえってきた。

もちろん、アナキズム自体、そのあり方は多様であるのだが、共通してイメージされているのは、支配関係の否定とそこから浮かび上がってくる秩序（相互扶助）への信頼ではないか。競争ではなく、お互いに助け合うこと、しかもそれをごく普通のこととして、何気ない顔をしてやってのける、そんな日常の具体が想像できる。

しかし、新自由主義の猛威によって、わたしたちは、競争し他者に勝つことでしか自分の生存が確保できないと思い込まされていないだろうか。弱肉強食の殺伐とした、不安と恐怖に満ちた社会のあり方を大前提に生きることを、普通のこととして受け入れていないだろうか。もし、わたしたちがこのように社会を描くとすれば、強い権力作用によってこそ社会の秩序が維持されるという発想になるのは当然かもしれない。誰もがその権力に従ってこそ、各人の自由は守られるのだと考えるようになるだろう。

こうして、いま、わたしたちは「従属・服従」することに慣れ、こともあろうに、そのことを「自由」だと思い込んでいる。支配されることに快感さえ覚えるようになっているかもしれない。だから、アナキズムが主張するように、支配を成立させている権力関係がなくなることによって、かえって秩序が回復する、と言っても誰も信じない。

しかし、「何かおかしい」という感覚レベルのモヤモヤが、じわじわと広がってきていると感じるのはわたしだけだろうか。弱肉強食の社会像は、わたしたちが生きているこの社会の本当の姿なのだろうか。むしろ、日常の生活を振り返ってみれば、それとは逆の社会像が見えてくるのではないか。このような実感が、近年のアナキズム関連図書の刊行数にあらわれているのかもしれない。

本書のテーマである学校は、いまのところ、「むしろ逆なのではないか」という気づきにふたをする役割を担っていると言えるだろう。支配関係を否定する点がアナキズムのポイントだとすれば、学校は、まさにそれとは正反対のことを実践している。つまり、支配関係の構築に躍起になり、そのために、かなりの無理を重ねている。

そこで、アナキズムの知恵を借りて学校教育全体を眺め直してみると、そうした努力は、しなくてもよかったのではないかということが見えてくる。

「実は、アナーキーであることによって、子どもも教員も安心して過ごせる学びの環境がつくれるのではないか」ということを確認してみたい。これが本書のねらいである。むしろ、学校はアナキズムの実践にとっては、とてもふさわしい場所だということも、読者のみなさんとともに、実感していきたい。

通常、学校教育は、教育政策や学習指導要領に書かれていることの実現という視点からその現状が分析される。つまり、学校現場が施策通りに運営されているかどうか、という視点から評価が下されていく。これは「管理」や「査察」という言葉で表現したほうがよいかもしれない。わたしたちの多くが実感しているように、学校は「秩序」を重視する。そして、それが教育への権利を保障する条件のようにイメージされている。

まずは、学校による「秩序」を権力関係の確立（とくに教員と子どもたちとの関係）としてとらえ、その問題性を明らかにしなければならない。なぜなら、権力支配の下では、みんな「考えなくなる」からである。みんなが「考えない」ことによって維持される「秩序」とは、「支配」

と「隷従」のことである。

たとえば、わたしたちが何かを学ぼうとするとき、権利保障と言うのであれば、本来的には、「なぜ、いま、このわたしが、ここで、これを」学ぶのかが問われなくてはならない。学びはいつも自覚的であるはずだからである。自分が何のために、何を学ぼうとしているのかを考えないで何かを学ぼうとすることは、通常あり得ない。

ところが、学校は、学びを保障する場所だとされていながら、子どもたちに何を学びたいかを聞くことはない。また、子どもたちも、「なぜ聞いてくれないのか」と考えることもないだろう。そもそも考えるべきものだとは意識されていない。このようなことを考えていたのでは、授業に「ついていけなくなる」のが学校での学びのあり方である。現在のさまざまな教育政策は、主体的な学びだとか、対話的な学びだとか、さも子どもを中心にすえた教育の実現を標榜しているようでいて、実際のところ、子どもの声を聞きながら学校教育を組み立てようとはしていない。

これは、かなり絶望的な状況である。だからと言って、本書は、このような状況にある学校を、アナキズム的観点からもっと徹底的に叩こうとしているのではない。むしろ、逆である。アナキズム的発想を拠り所としてこれまでの学校をながめてみれば、もっと子どもを信頼していいということがわかってくるはずなのである。そして、多忙化で身体的にも精神的にも追いつめられている教員も、もっと働きやすくなる。そんな希望を「アナキズム」は与えてくれる。

では、その視点としてのアナキズムは、何を問おうとしているのか。

基本は、権力的な支配関係によらない社会関係を基本にものごとを考えていこうとする点にある。そのような関係のあり方を考えることは、人々の生活のあり方をどう見るのかということでもあり、人間をどういう存在として見るかということと重なってくる。いわば、社会観（未来社会のイメージも含む）と人間観（子ども観も含む）の問題である。この二つは相互に絡み合いながら成り立っているので、切り分けて論じることは難しい。しかし、あえて分けてその特徴を確認し、学校で展開されている諸現象の分析に活かしていきたい。

そこで、まず、アナキズム的観点から「国家・社会」とそれに基づく「秩序」がどのように描かれるのかを検討したい。とくに国家の形成に関しては、たとえばホッブズやルソーといった名前が思い浮かぶだろう。その理論の中では、闘争状態や契約というキーワードで国家の存在が了解される。

これは個人的体験なのだが、中学から高校にかけてこれらの思想を知ったとき、どうもすっきりしなかった思い出がある。「闘争」などという切羽詰まった状況から出発して思考をめぐらせていくと、あまり明るい気持ちにはなれなかった。また、「契約」によって人々の一定のつながり方が成立してくるというのも、わからないではないけれど、そもそも契約が成り立つためには、すでに一定の関係性が確立されていないとダメなのではないか、と。このような点もすっきりさせておきたいこともあって、第1章で「国家観・社会観」を取り上げた。

また、社会とは、静物のように描かれるのをじっと待っているようなものではない。そこでは人々が生活しているのだから、日々の動的な関係としてとらえるべきではないのか。したがって、当然、そこでの行為主体としての人間存在をどう見るのかも確認しなくてはならない。「個の確立」が近代社会の基本であり、人権思想を生み出したと言われるのだから、なおさらである。

個の確立と人権思想の関係は、確かにその通りなのだろうと思う半面、これについても実はすっきりしていない。「しっかりと自己が確立されていない者とは手はつなげない」などと言って、連帯の基本的要件としての「個人」の独立性が重要視されることがある。しかし、支えられている環境の中で少しずつ自分というものが見えてくる、という実感もある。このあたりのことを第2章で検討してみたい。

このような「社会」と「個人」のあり方を整理したうえで、学校教育のあり方をみていくと、果たして何が浮かび上がってくるのか。第3章では、権力的支配の確立という観点から学校教育の問題点を整理し、第4章で、アナキズムの視点によって、学校教育がどのように変わりうるのかを考えていきたい。子どもたちはみな創造的な「アナキスト」だということがよくわかるはずである。そして、「子どもに任せる」ことによって、自然と形が現れてくる秩序形成過程を大事にしたい。

なお、本書は、前半の二つの章において整理した内容をふまえて、後半の章の記述が成り立っており、全体を貫く視点が〝アナキズム〟になっている。したがって、まず、本書が参照枠組みとするアナキズム的発想についての概略を述べた序章から読み進めてもらえればと思う。

また、本書は、2021年に刊行された拙著『学びの本質を解きほぐす』(新泉社)で提起した「学び」のあり方を具体的にどう展開していくのか、という問いへの回答にもなっている。もちろん、それぞれ独立に書かれ、また独立して読まれることを前提としているので、連続するものとして読まないと内容がわからないということではない。ただ、参照してもらえれば、アナキズムがどのような教育観と相性がいいかがよりわかりやすくなるのではないかと思う。

# 目次

# 第1章　国家観・社会観　41

# 第2章　人間観・個人観　77

# 第3章　学校の秩序形成作用

113

## 第4章　アナキズムによる学校再生

写真　池田賢市
イラストレーション　大高郁子
ブックデザイン　守先正

# 序章

## 国家に頼らない社会

権力関係によらない秩序形成が、アナキズムのポイントである。そして、それが人間の生活にとって、きわめて自然なことだと主張するのが、アナキズムである。

アナキズムと言えば、まずはプルードン（仏、1809－1865）の名をあげることになるが、彼は、国家がなくともわたしたちは生きていくことが可能だと言う。むしろ、それが自然であり、豊かに生きていける、と。どうして、そんなに自信満々なのか。端的に言えば、プルードンには、国に任せていたのでは、安心して生活ができないという実感があったからである。

アナキズムを理論化したのは、クロポトキン（露、1842－1921）だとされている。彼は、州知事の副官としてシベリアに赴いたとき、国家の行政手段によっては開拓がうまくいかず、民衆が、それまで自分たちがつくり上げてきた組織によって、やりたいことをやりたいように行ったほうが、はるかに事態はよい方向に進んでいくことを経験する。彼は、「私がシベリアでおくった五年間は、人生と人間の性質についてのほんとうの教育を私にほどこしてくれた」のであり、「政府の行なう政治が、たといどんなにいい意図のもとに行なわれたにしても、農民たちの生活をうるおすことはほとんどないということ」を観察したと述べている。☆1 重ねて、「シベリアの最高行政当局は（中略）優秀かつ進歩的で、その地方の福祉に強い関心をもっていた（中略）。しかし、結局それは一個の行政機関（中略）でしかない。その事実だけでも、シベリア行政当局のすぐれた意図を骨ぬきにして、逆に地方の自主的な生活と進歩のあらゆる芽ばえをつぶすのには十分だった」と、政府の無力さやその権力性による影響について指摘し[☆2]、つぎのように述べる[☆3]。

私は行政機構という手段によっては、民衆のために役にたつようなことはなにひとつとして絶対にできないということをまもなく悟った。そのような幻想に、私は永久に別れをつげた。それから私は、人間や人間性ばかりでなく、人間社会の生活の内的な源泉ともいうべきものも理解し始めた。書物のなかなどにはめったに書いてない名もない民衆の建設的な労働、社会形態の発展のなかでこれらの建設的な労働が果たす重要な役割が、私の目にはっきりと見えるようになったのである。

こうしてクロポトキンは、それまでの国家的な規律に対するいっさいの信念をなくすことで、

---

☆1　ピョートル・クロポトキン／高杉一郎訳『ある革命家の手記』（上）岩波文庫、1979年、217－218頁。また、「人間がひとたび形式的な文明にうつつをぬかしている小さな集団の外に出さえすれば、ほんとうに必要なものはごく僅かですむということ」もシベリアの経験が教えてくれたと言っている。

☆2　同前　270頁。

☆3　同前　272－273頁。

「アナーキストになる下地ができつつあった」と当時の自己を特徴づけ、「重大な仕事をやるには命令と規律の原則はほとんどなんの役にもたたないということをまもなく悟った」のである。[☆4]

森元斎が『アナキズム入門』で紹介しているアナキストたち（プルードン、バクーニン、クロポトキン、ルクリュ、マフノ）は、いずれもこれに似たような感覚を体験している。つまり、国家がつくり出す権力作用によらないほうが、自然な生き方ができるのではないか、と。森は、ルクリュ（仏、1830－1905）を論じた章の最後で、つぎのように述べている。[☆5]

国家なんかは要らない、権威なんかは要らない。誰もが迷惑を掛け合って、助け合う。それでも大丈夫。本当に、みんな優しい。ちょっと資本主義のせいで、意地悪な気持ちになってしまっただけなのだ。ちょっと権力のせいで、嫌な奴になってしまっただけなのだ。

このような相互扶助の体験を、実は、わたしたちは日々しているはずなのである。それはまさに、先のクロポトキンの引用にあったように、「人間社会の生活の内的な源泉」の力強さである。ただ、そのことにわたしたち自身がなかなか気づいていないだけなのではないか。だからこそ、アナキズムの発想で国家と社会がどのようにとらえられていくのかを、日常の生活を意識しつつ、確認していく必要がある。

このときに重要になるのが、人々の横のつながりが権力作用によって断ち切られていくことへの着目である。国家とは、「権力の座にある者とこの権力に従属する者への社会の分割」であるというクラストル（仏、1934-1977）の指摘は重要である。[☆6] 彼の「未開社会」についての研究で、国家によって搾取する者・される者の分割が権力的になされ、その結果としての「隷従状態を、それ以外の状態がありうることも考えられないまま、それこそが自然な状態であると考えてしまう」ようなところまで人々を追い込んでいくことが明らかにされる。[☆7] したがって、このことを理解している「未開社会」は、未熟ゆえに国家を持たないのではなく、国家を持つことを回避している、というわけである。この点については、第1章であらためて確認していくことにしたい。

クラストルのこのような国家と人々との関係のあり方を自著の献辞[☆8]としたのは、第1章でも登場するスコット（米、1936-）である。その大著『ゾミア』（原題は、*The art of not being governed*、「統治されない技術」）は、ベトナム中央高原からインド北東部にかけて、そして中国

---

☆4　ピョートル・クロポトキン／高杉一郎訳『ある革命家の手記』（上）岩波文庫、1979年、274頁。

☆5　森元斎『アナキズム入門』ちくま新書、2017年、216頁。

☆6　ピエール・クラストル／酒井隆史訳『国家をもたぬよう社会は努めてきた』洛北出版、2021年、32頁。

☆7　同前　166頁。

☆8　「歴史をもつ人民の歴史は階級闘争の歴史である、と言われる。すくなくとも同様の確かさで、以下のようにも言えるだろう。歴史をもたない人民の歴史は対国家闘争の歴史である、と。」

南部に囲まれ、いくつもの国家の「辺境」に位置し、どんな地域区分にも当てはまらないような「ゾミア」と呼ばれる地域を研究対象とし、そこに暮らす人々の自治の様子を描き出した。「従来の研究は、古代国家とその文化的中心もしくは近代の国民国家を分析単位として扱って」きたが、ゾミアを見るためにはその手法は役に立たない。これは、まさに「アナキズム史観」の書である。「ゾミアに暮らす山の民は平地に発達した国民国家が恣意的に定めた国境線をものともせずに、地形や勾配に応じた農業生態環境を見ながら自らにふさわしい生活拠点を模索し、独自の世界をつくりだしてきた」のである。[☆9] 一見すると、ひとつの地域としてとらえることができないように思われるのだが、そこでの暮らしのあり方に着目すれば、これまでの国家を前提とした枠組みでは見えてこない「秩序」が浮き立ってくるのである。アナキズムの視点は、このように具体的な「生活」の論理を明らかにしてくれる。

## 規制緩和の罠

権力的な作用に基づく秩序ではなく、人々の自由を基にした生活を大切にしていくことがアナキズムのポイントだとすれば、今日、新自由主義的諸施策の特徴とされる「規制緩和」という政策方針は、アナキズム的発想にかなうもののように感じられるだろう。国による許認可が必要であるとか、国によってその運営が統制されているといったことは、その具体がどのようなものであっても、人々の自由を制約するものとしてマイナスのイメージで語られていくことになるのだから。とくに、2000年代に入ってからは、この「規制緩和」の動きが顕著となってきている。しかし、日本がアナーキーになってきたなどとは誰も感じていない。それは、なぜなのか。

確かに、「規制」という言葉は、やりたいことが制限されている不自由なイメージを人々に与える。それを「緩和」すると言われると、その施策の内容を精査しないうちから、なんだか「いいもの」が提起されているような気分にさせられてしまう。権力的な縛りが取り払われ、自由な行動が保障されるかのように。しかし、本当にそうなのか。

たとえば、公的にしっかりと保障しなくては人々の権利が守られないようなものまで市場の原理に任せてしまっているのではないか、と疑ってみることができる。おそらくその代表例が「教育」「福祉」「医療」といった領域だろう。

この点はこれまでもよく指摘されてきたことであり、その通りだと思う半面、この「規制緩和」という言葉でわたしが感じているのは、これとは反対のことである。つまり、これまで人々

---

☆9　ジェームズ・C・スコット／佐藤仁監訳『ゾミア―脱国家の世界史』みすず書房、2013年、351頁（監訳者の「あとがきに代えて」より）。

の自由に任されていた領域にまで規制をかけていくという意味での「緩和」なのではないか。これまで限定されていた規制の対象を広げ、公的な縛りの範囲をどんどん広げていくための用語なのではないか、と。「規制」するという行為に対する規制を解除し、人々の日常生活レベルにまで国による「規制」の網がかぶせられてきている(管理・監視の対象になってきている)、つまり、規制行為が「緩和」され、拡大したわけである。☆10

一見すると規制がかかっていない自由な行動を促されているかに思えても、そこには常に選択肢が用意され、あるいはパソコンの普及に乗る形で、個別対応への道(実際はＡＩが選択したもの)が用意されているのではないか。わたしたちは、用意されたものの中から選択することしかできず、また、他者と協力しながら問題解決する方法よりも、「あなたにはこれが適切な方法ですよ」と外から一方的に提案されるのを待ち、それに従っているだけなのではないか。

とくに学校教育で、近年、この点が「個別最適化された学び」として具体化してきている。本書の後半でその点にふれるつもりであるが、ここで注意しておきたいことは、いわば「自由」と称して、結果的にその中に「規制」が入り込んでくる、そんな状況になっていないかどうかということである。「選択」や「個別」という観点は、人々を分節化し、横のつながりを断ち切る作用をもつ。顔の見える範囲で、その時々の状況に応じて必要が満たされるように問題解決していくという日常的な関係が、「規制緩和」によって破壊されているのではないか。

かなり大きな話をしているようだが、このような心配は、個人的体験に基づいている。

２０１６年に成立したいわゆる「教育機会確保法」の問題点をめぐっていろいろな人といろいろな場で議論し、また、この件でラジオやテレビで話す機会を得たことによっている。[☆11]

その中で、不登校になった子どもたちは、学校に行かなくてもよいことにして、もっと別の場所で教育が受けられるような選択肢を用意したほうがよい、そのほうが権利を保障していることになる、という意見が多く語られていることを知った。まずこの段階で、この法律が一定の子どもに対して学校に「来るな」、学校から「出て行け」と促す、権利侵害の差別法であることが理解されていないことに驚いた。むしろ、みんなと一緒にいないほうがその子のためだと言わんばかりの議論が展開されていたにもかかわらず。なぜ、共に過ごせるように学校環境を変えようとしないのか。

学校で学ばなくてもいいとされてはいても、どこで何をしていてもいいわけではない。この法

---

☆10　だからといって、すべてを市場原理に任せればよいと言いたいのではない。その市場自体が公的に用意されたものであり、また、市場は、かなりの金額を投入して商品を購入できる人たちにしか有利に働かないのだから。ただ、実はそれさえも怪しくて、結局、企業が売りたいものしか市場に並んでいなければ、そこから選択するしかない。新自由主義は、選択する自由を「自由」だと勘違いする人々を大量に生み出すことで消費行動をあおっていく。

☆11　この法律（正式名称は、「義務教育の段階における普通教育に相当する教育の機会の確保等に関する法律」）の問題点については、拙著『学びの本質を解きほぐす』（新泉社、２０２１年）の第１章を参照されたい。

律は、不登校の子どもたちをどこまでも追いかけて、どこでどんな学びをしているのかを把握し、場合によっては、不登校の子どもたち専用の学校や学級をつくり、あるいは夜間中学校を増設し、そこに「収容」しようとしているのである。つまり、「規制」が学校の枠をはみ出し、排除した者を逃さず、専用の学校・学級をつくることで不登校の子どもたちをもう一度囲い込もうとしているのである。☆12

いろいろな人と話をしてみると、この法律への評価としては、「自由に学べる」のだからよいものである、との勘違いが多かった。しかし、自由に学べるなどということは法律のどこにも書いていない。フリースクールへの財政支援が書かれているわけでもない。むしろ、事態は逆であり、学びに対する規制の幅を広げて、どこにいても監視していく制度が確立されたのである。法案がつくられていく途中で、学校外で学んだことに対して教育委員会の承認が必要であるとする規定や、不登校の情報を警察と共有するという話も出ていた。この法律制定の「本心」が見えた瞬間であり、多少のトーンダウンはあるものの、現行法は、人々が自由な学びをしないように、かなり広く網をかけていこうとしている。まさに「規制」の枠が広がってきているのである。もはや、ずっと自宅にいて、自分のやりたいこと、考えたいことに時間を使うことは肯定されない。「学んでいる」ことが外にわかる形で示される必要があり、不登校の子どものための特別な学級や学校はそれを象徴している。

これらは、フリースクールや夜間中学校を、いわば「セーフティネット」として位置づけようとするものでもある。しかし、このような理解は危険である。いまや、この「セーフティネット」によって、「通常の」学校は、「安心して」どんどん子どもたちを排除していける状態になっている。学校はいままで通り何も変わらず、それに適合しない子どもたちをつぎからつぎへと追い出していくことを支える機能を示す言葉、それが今日の「セーフティネット」である。なぜ不登校になるのか、学校に何か問題があるのではないかと問う必要はなくなり、フリースクールなどがあるのだから、「後はそちらで面倒を見てください」というわけである。しかも、排除しておいて、その行き先には規制をかけて、その動向は厳しく管理している。☆13

---

☆12 現在、続々と不登校の子どもたち専用の学校・学級がつくられてきている。授業時間を短くするとか、朝の始まりを通常より遅い時間にするなどといった工夫をする場合もある。まるで子どもたちに問題があるかのような扱いである。不登校に追い込んだ学校のあり方を反省すべきなのに、そこはまったく無視し、不登校の子どもを特殊な存在でもあるかのように扱い、隔離していく施策が良きこととして語られている。

☆13 なお、フリースクールについては、いわゆる「マル適」マークのような発想で管理していこうとする動きも出てきていると聞く。また、通信制高校についても、規制強化の傾向がはっきりとあらわれてきている。いずれも、「質保証」が厳しく問われるようになってきている。

## アナキズムとの出会い

もうひとつの体験は、わたしが子どもの頃の個人的な話である。不登校の話に比べると、かなりミクロである。

わたしは忘れ物がかなり多い子どもだった。おそらく一般的に言えることだろうが、学校では忘れ物への制裁はかなり厳しい。その日一日、不自由を強いられたり、「隣の人に見せてもらいなさい」などと教員から深刻そうな顔つきで指示され、こちらも申し訳なさそうな顔をして、「ごめんね」などと言いながら低姿勢で見せてもらう、といった光景を思い浮かべてほしい。

世の中に出てから困らないようにという、いわば教育的指導だったのだろうが、現実的には、世の中のほうが絶対にやさしい。何かの集会などに行き、たまたま筆記具を持っていなかったとき、あるいはインクがなくなってしまったときなど、必ず近くにいる人が貸してくれる。わたしもよく貸すことがある。困ったことが起これば、ごく普通のこととして誰かに助けを求める。しかも、頼まれたほうは、何の見返りも求めず、それに応える。こんな当たり前のことを、なぜ学校はそんなに嫌うのか。子どもたちの関係に任せておけば、とくに問題にならずに済むことなのに、どうしてわざわざ深刻な事態にしてしまうのか。そんな雰囲気の中では、補い合う発想はつぶされる。自分にミスがないように、みんなビクビクしながら学校生活を送ることになっていく。子どもたちの行動を管理し、何かを守らせようとするから「指導」が必要になってしまうのだ。教員にとっても子どもにとっても、いい気持ちで過ごすことができなくなってしまう。管理・指導がなければ、子どもたちの相互関係の中からその時々の問題解決にふさわしい方法が考え出されてくるはずであり、これがアナキズムの実践である。

子どもの頃からこんなにビクビクとし、その状況へのモヤモヤを抱えていたわたしは、1981年、大学に進学した。そして、学部から大学院にかけての数年、たまたま図書館でプルードンを読み、魅了されてしまった。メモを取りながら夢中になった。アナキズム（プルードン自身はアナーキーとは表現しても、アナキズムとは言っていなかったのだが）という言葉もなじみのあるものとなっていった。いまでも、プルードンは、思考がなかなか進まないときに、いつも立ち返る準拠枠の役割を果たしてくれている。☆14

☆14 当時、翻訳書は十分には刊行されていなかったので、少しは原文で読もうとしたものの、自分の能力の限界を感じるばかりであった。したがって、河野健二編の『プルードン研究』（岩波書店、1974年刊）が大きな指針となった。中央公論社の「世界の名著」シリーズの第42巻は「プルードン バクーニン クロポトキン」（1967年刊）となっていたことから、これら3人の著作を読み、その流れで、大杉栄や秋山清などへとつながっていった。とはいえ、これを研究テーマとして設定していたわけではなかったので、その後、しばらくはこれらの人物と離れることになった。

わたしはいったいアナキズムの何に魅了されたのか。単純化して言えば、お互いの信頼を前提に生活のあり方を考えていることだったのではないか。道徳的で、理想郷のような夢物語だとの反論が待ち受けていそうだが、とにかくこれなら安心して生きていける、という原理をつかんだ気がしたのである。しかもそこに、ある種の「かっこよさ」を感じてもいた。何かしっかりとした規則に従って行動しているのではなく、困ったことが起これば、その時々の自分にできる範囲で、そのつど解決策を考え、それについてとくに大げさに語るわけでもなく、事が済めば、「じゃ、またね」と言ってそれぞれが自分の世界に戻っていく、といったイメージである。

## 信頼関係を前提とする社会

アナキズムは、このような発想で社会をとらえることに、自信満々である。それは、すでにみたように、国家というものの存在がなくても人間は生きていけるという確信をもったからである。そのときに不可欠なのは、相互の信頼である。アナキズムの成立には、人々の信頼関係が前提となる。

他者から自分が信頼されることで、人は寛容になれるし、また、自分の存在を肯定していける。そして、これは、本来ならば、教育（とくに学校）の仕事の中核になっていいはずのものである。

しかし、実際には、「なっていいはず」と言うしかないくらい、学校は、むしろ、人々が相互に信頼し得るということを否定する場になっているのではないか。

現在、学校こそが、人々が日々普通に行っている助け合いとは逆のことを子どもたちに教え込んでいるのではないかと危惧する。他者は「信頼」できないのであり、自分がしっかりとしなければ、いつ競争に敗れてひどい目にあうかもしれない、と。だから、一生懸命に勉強して、他者よりも優位な地位を得なければならない、と。つまり、弱肉強食の社会の中でいかに生きていくか、それへの適応が子どもたちに求められているというわけである。

しかし、競争あるいは闘争的環境の中で生きていくことが、子どもたちの未来なのだろうか。これまでアナキストたちが指摘してきたことを確認していけば明らかなように、そして、日常の実感としても言えることだが、「闘争社会」は幻想であり、虚構である。確かに、生活していく中では、競争的なことも起こる。そのあり得るひとつの現象を取り出して、やや誇張して、まるでそれが一般的で必然的な前提かのごとく社会生活が語られているのではないか。とくに学校は、このような語りを得意としている。この闘争的枠組みで、社会現象をとらえようとする。これは、子どもたちにとっては、明らかに「脅し」となる。つまり、脅されて学習しているわけである。「脅しによる統制」、学校はこれを「秩序」と呼んでいる。

このような幻想・虚構を壊すのが、アナキズムである。アナキズムは、ホッブズが言うような闘争状態として社会をとらえることはしない。むしろ、人間の自然な姿として相互扶助の必然性を語る。競争で勝ち抜くという生き方を（仮に良いものとは思っていないとしても）前提としてものごとを考えようとする人々から見れば、アナキズムの思考は、自分たちが信じている世界観を破壊する「危険」なものと映るだろう。少なくとも、現状に対して批判的精神に満ちたまなざしを向ける者たちだとして、うっとうしい存在とされるだろう。

しかし、アナキズムは、闘争的世界観が無理に誇張されたものであり、けっして人々の真実の姿ではないととらえる。そのことをいろいろな事例をあげて、説得しようとする。そのほうが安心・安全に暮らせるからである。ここに、ある種の道徳性が入り込んでくることは確かだろう。しかし、それは「こうすべし」という意味での道徳ではなく、状況に応じて最適な解決策を探ろうとする、いわば倫理的なものと言ったほうがいいかもしれない。したがって、アナキズムは、国家権力への批判だけでなく、「個人」の（行動の）あり方にも着目していくことになる。

## アナキズムと「個人」

では、わたしたちは「個人」をどのようにイメージしているだろうか。これはかなり難しい問いである。なぜなら、「個人」といえば、たいていは自分自身の姿（この場合には「自己」と言うほうがふさわしい）が浮かび、それはあまりに当たり前の存在だからである。どんな存在かと問われても、すぐには答えが見つからない。

現在のわたしたちの生活を支えている基本的人権やさまざまな権利の保障、そして思想・良心の自由といった考え方は、人が「個人」として尊重されることから出発している。日本国憲法にも、そのことは謳われている。ここからわたしたちが受ける印象は、古い因習的な人間関係（ムラ社会的な共同体）から解放されて、「ひとり」の個人として存在が承認されるといった感覚ではないか。したがって、わたしたちは、バラバラな状態としての「個人」が集まって社会が形成されるとイメージする。個人の総和（足し算）によって、社会なり、一定の集団なりが形成されていると考える。

しかし、わたしたちは、「個人」を説明しようとするとき、どうしてもその人間関係に着目することになるのではないか。アナキズムの描く人間像は、このような「関係の中にいる」人の姿である。そうでなければ相互扶助は生じず、生活に基づいた秩序も形成されてこない。

ところが、近代社会は、単体としての「個人」の姿を人間の本来的なものとして設定した。しかし、「闘争」が幻想であるのと同様に、これもやはり幻想なのではないか。精神科医のサリヴァン（米、1892-1949）の見方を引用してみたい。[☆15]

---

☆15　ハリー・スタック・サリヴァン／阿部大樹編訳『個性という幻想』講談社学術文庫、2022年、106頁。

人格それ自体は単独で取り出すことが不可能です。その代わりに昨今では観察可能なもの、つまり対人関係について、それを記述することの方がよほど見込みある方策になってきました。対人関係を記述することに重きを置けば、新しい医学の進歩にとって最大の障壁であるものを取り除くことができます。もっとも高い壁、すなわち個々独立した、ひとり立ちする、確固不変でシンプルな「自己」があるのだという妄想です。その時々によって「あなた」とか「ぼく」などと様々に呼ばれる、摩訶不思議な「自己」が、まるで私有不動産のようにどこかに建っているという幻想です。

サリヴァンによれば、問題にすべきは「個人」ではなく、人々が互いに何を取り交わしているか、ということになる。人間を個体として、不変で唯一無二の「個人」として直接説明しようとするのではなく、対人関係の中でいくつもの自己が存在しているととらえようとしたのである。

このように言われてみれば、確かにその通りだと実感できる。誰と対しているかによって、自分の姿も変わっていく。そのほうが、人間らしく、また自然な生き方でもある。むしろ、自分自身として確固たるひとつの特徴をもっているべきだとする発想を、わたしたちは、いったいどこで学んだのだろうか。これについては、サリヴァン自身が、自らの主張に対しては「今の教育システムからどうやら相当の反発を受けるようですね」と言っていることからもわかるだろう。[☆16]つまり、近代化の産物としての学校で学んだのである。

人間は、集団を離れて生きていくことはできない。その多様な関係の中で、そのつど異なった

「個人」が浮かび上がってくるわけである。しかし、ひとり一人の「個人」が正しくあれば、全体としての社会もよくなるといった足し算の発想のほうが、一般的であり、またわかりやすいと感じられていないだろうか。ここでは、関係のあり方、状況の変化によって臨機応変に行動や思考を変えていく柔軟性は、価値の低いものとみなされていく。あるいは優柔不断だと言われることもある。そのため、独立した「個人」像が求められる現在の状況において、わたしたちは、常に「本当のお前は何者であるのか」と問われているのである。

しかし、人々との関係を断たれながら、自分は何者なのかを考えさせられていくことは、かなりの苦しみとなる。なぜなら、人間関係の中でしか人間は存在できないからである。

こう考えたとき、ある小説が注目されるべきだろう。それは『フランケンシュタイン』。何度も映画化され、また漫画のキャラクターにもなったことでかなり有名であるが、原作の小説の内容についてはあまり知られていない。そもそも、あの怪物の名前がフランケンシュタインだと誤解している人も多い。しかし、それは怪物を生み出した科学者の名前である。

この小説が書かれた19世紀初頭は、「ヨーロッパはフランス革命後のナポレオン戦争に突入し、産業革命を経たイギリスでは工業化が進み、（中略）生物学や生理学をはじめとする近代自然科

☆16　ハリー・スタック・サリヴァン／阿部大樹編訳『個性という幻想』講談社学術文庫、2022年、113頁。

学が急速に発達した時期」であった。[☆17] 近代化が誰の上にもはっきりとした影響を与え、科学がものごとの認識の正当な枠組みとなり、権威や権力から自由な個人の理性に重きが置かれていく時代である。「怪物」（男性としてつくられている）は、めざましい科学の進歩によって、単に技術的可能性のひとつとして、深く思慮されることなく生み出された、まさに近代の産物であった。

自分の創造主である科学者に恐れられ、見捨てられた怪物は、旅をする中で、強烈な孤独を味わい、人々からの不当な拒絶と暴力に遭う。そして、復讐を誓い、その科学者に関係する何人もの人の命を（直接・間接に）奪っていく。しかし、感情も知性も人間とまったく同様に身に付けた彼は、終始「自分は何者なのか」と孤独の中で問い続ける。彼は、人々と交わり、そこで幸せに暮らしたいと願ってきたが、その外見の醜悪さによって、拒絶されてしまう。そこで、彼はフランケンシュタイン博士に要求する、自分と同じ怪物（女性）をもう一人つくってほしい、と。しかし、それも最終的には拒否される。

この小説全体にとって重要だと思うのは、この怪物には名前がないということである。最後まで「怪物」と呼ばれている。人間にとっての名前は、最初に誰かから付けられるものである。つまり、人は、ある関係の中に生まれてくるからこそ、名前があるのである。それがないということは、この怪物が、誰とも関係を築いていないということを示している。あまりに深い悲劇が描かれた、近代社会の特徴をよく示している小説ではないかと思う。なお、作者であるメアリー・シェリー（英、1797－1851）の父親ウィリアム・ゴドウィンは、アナキズムの先駆者とされている自由主義思想家である。

「個人」のあり方については、第2章で検討していくことになるが、ここで確認しておきたいのは、人間の自然なあり方を発想の基本にすえるアナキズムにとっては、人間関係のあり方こそが重要だということである。後でも繰り返すことになるが、確固たるもの、固定的なものとしての「個人」は、近代社会が要請する幻想である。いったん固定化されれば、問題はすべて個人化されていくだろう。自己責任という考え方とも親和性をもつ。これに基づけば、権力機構は、何をやっても免責される。あくまでも悪いのは本人であるのだから。

こうして、ものごとを構造的に見ていく視点は失われていく。ここで、権力関係の中での隷従状態を、まるで自然にもたらされたもののように感じるとするクラストルの指摘を思い出しておきたい。とくに、アナキズムがある種の道徳性として理解されうる点を考えれば、ますます支配の構造は見えなくなっていくだろうから。

---

☆17　メアリー・シェリー／芹澤恵訳『フランケンシュタイン』新潮文庫、2015年、447-448頁（訳者あとがきより）。

## 本来、子どもはアナキスト

これまで述べてきたことから、アナキズムという考え方の特徴が見えてきたのではないか。[☆18] その基本は、わたしたちの日常生活でことさらに意識されずに進行している行動や思考のあり方にある。したがって、それを意識化していくだけで、わたしたちは十分にアナーキーになれるのである。そうすれば、おそらく社会の様子がこれまでとは違って見えてくるはずである。

このような視点を持っていまの社会や個人のあり方を確認し、その後、学校教育に焦点を当てていくと、何が今日の教育問題の根底に流れているのかがわかりやすくなってくる。本書では、この点を検討していくことになる。多くの教員や子ども、そして保護者も、身体的・精神的に疲弊している。受験、いじめ、多忙化等々、きりがないほどのキータームが登場してくる中で、みんなが安心して過ごせる学校環境を、どのようにしてつくっていけるのか。

そのためには、わたしたちが前提としている国家や社会、個人のイメージを問い直していく必要がある。その検討枠組みとして、アナキズムを用いたい。そうすることで、「自然な」生き方が取り戻せそうだからである。これまでの闘争的な社会像は、どうやら幻想あるいは虚構であるかもしれないというところまではわかってきているのだから、それをもう一歩進めて、学校が変化しなくてはならない方向性を具体的に探ってみたい。

学校は、常に闘争的社会観を子どもたちに伝えようとしている。しかし、実は、子どもたちは、すでに「自然」な生き方でこれに対抗している。不登校（登校拒否）は、その最も典型的な事例と言えるだろう。また、子どもたちは、教員の知らないところで独自の社会関係を構築していっている。そもそも子どもたちの社会生活にとって、学校はそのほんの一部を構成しているにすぎない。ただ、これがまるで「全部」であるかのように錯覚させられている現状がある。この認識は、すぐにでも修正しなくてはならない。

本書では、子どもたちはみんなアナキストなのだ、ということを前提に考えていきたい。これは、子どもを信じるということである。学校は、その範囲は狭いが、集団生活の場である。だからこそ、アナキズムの実践にとって、好都合の場所でもある。信頼関係の構築、臨機応変な問題解決など、学校では、これらのことをわかりやすく体験できる。ただ、これを阻む力も強い。それでも、アナキズムは、「無理しなくても大丈夫」、「安心していい」というメッセージを送ることができる。それは、学校を変革する重要な指針となるはずである。

☆18　本書では、政治的・経済的理論としてアナキズムを議論する側面については光を当てていないことを断っておきたい。あくまでも、発想の根っこの部分に着目していきたい。

# 第1章　国家観・社会観

## 地図か順路か

わたしが生まれ育ったところは東京都足立区で、国道4号の近く。地元ではみんな「日光街道」と呼んでいた。ところが、中学生になって自転車でその道を南に向けて走って行ったとき、「昭和通り」と呼ばれていることを知った（そして、北に向かうと「奥州街道」となる）。自分の慣れ親しんできた呼び方が相対化されてしまい、かなりの不安を覚えた。大袈裟なようだけれど、世界が崩れていく感覚。一本道なのに、道に迷うのではないかという不安。以後、その不安から逃れるために、「4号」というまったく生活の香りのしない、どこに行く道なのかもわからない呼び方を使うようになった。その道は、急によそよそしくなってしまったのだが、数字で表現することのある種の合理性に安心したとも言える。

「日光街道」も「昭和通り」も公認されている呼称であり、比較的広い範囲で共有されているが、住宅地に入り込んだ小さな道になれば、おそらくもっと生活実感に密着した、その地域（しかもかなり限られた範囲）でしか通用しない呼び方がされているだろうと思う。

子どもだった頃をさらに思い出してみると、いつも使っている道をこんなふうに呼んでいた。「大きな木にぶつかる道」「どぶの道」「猿の道」「鳩のいる道」「お寺さんの道」等々。名称と言えるような呼び方ではないが、けっして家族の中でしか通用しないというわけでもない。
さて、ここで国道4号のことを話したのは、ジェームズ・C・スコットによるつぎの指摘を確認したかったからである。☆19

国家による名付けの実践は、全体の見取り図を必要とする。それは、それぞれに独占的な名前を付して網羅的に名付けることで、標準化し識別化してゆく企画なのだ。ルート77といった道の名は、それがもはやどこにたどり着くのかをすぐには伝えない。

つまり、それぞれの土地には、そこで暮らす人たちにとっての生活に必要な役立つ「知」として、その道がどこに向かうのかを示すいろいろな名付けがあるのであり、それは、上空から眺めるような地図とは異なる、というわけである。地図には、学校や寺の位置は書き込まれているかもしれないが、そこからは住む人たちにとっての意味は浮かび上がってこない。どぶ板のどの辺が何年も壊れたままなのか、そして猿や鳩のことなどは書いてあるはずもない。そこを歩く者にとっては、坂道なのかどうかも大きな問題となるのだが、そんなことさえ、通常の地図には記さ

☆19　ジェームズ・C・スコット／清水展他訳『実践 日々のアナキズム』岩波書店、2017年、39頁。

れていない。地図は静的である。しかし、生活はつねに動いているのであり、人々は道を歩いている。そこにある道は、人々に踏みしめられることによって意味をもってくる。

この点は、セルトーが紹介している「ニューヨーク居住者の語り」とつながってくる。それは、自分が住んでいる住宅についてどのような語りをするかという調査であり、結果として「地図(map)」と「順路(tour)」という二つにタイプ化できるという。☆20

地図型の語りというのは、たとえば「台所の隣に娘たちの部屋があります」といったように「〜がある」という場所の秩序を語るものである。一方、順路型は、「右のほうに曲がると居間になっています」というように空間を生み出す行為を語るものだという。そして、自分の家を説明するときには、後者、つまり順路型が圧倒的に多いとのこと。確かに、生活に基づき、自分の暮らしの空間を説明しようとすれば、おのずと「道しるべ」的な表現になるだろう。これは、家の間取りを説明する場合にのみ言えることではない。わたしたちは、社会での自分の行動を、けっして上から地図を見るように把握しているのではない。

道は、各人の生活と密接な関係にある。このことに関しては、動物比較生理学の研究者であったユクスキュルが「なじみの道」として論じている。知らない土地でその土地に詳しい人に案内してもらうときのことを例につぎのように述べている。☆21

案内者はわれわれ自身には見えない道を確信をもってたどっていく。(中略)無数の岩や樹木のうち、いくつかのものは順にならんで、道しるべとして他のすべての岩や樹木から区別されている。不案内な者にとっては区別できそうな印はなにも見当たらないのだが。

そして、道をどのように説明するかという点で、先のセルトーと同様の指摘をしている。つまり、案内者は、「赤い家の先を右に曲がり、それから100歩まっすぐ進み、左に曲がってさらに歩く」といった具合に、わたしたちの実際の行動に即した説明をするわけである。まさに日常の生活のあり方そのものが反映されている語り方である。

なお、ユクスキュルのこの指摘が重要な点は、「客観的な」環境が、そこで生活する者にとっては、いろいろな意味に変化するという視点を提示したことである。言い換えれば、環境の中から意味あるものが主観的に選び取られ、固有の意味の世界がつくられていくということである。このような見方は、アナキズムの視点によって学校を現状の不自由な状況から解放するカギとなっていく。これについては、第4章でふれていくことにする。

---

☆20　ミシェル・ド・セルトー／山田登世子訳『日常的実践のポイエティーク』ちくま学芸文庫、2021年、287－290頁

☆21　ヤーコプ・フォン・ユクスキュル、ゲオルク・クリサート／日高敏隆・羽田節子訳『生物から見た世界』岩波文庫、2005年、99頁

## 地図が描けるとは

では、逆に、地図を見るようにイメージすることがあるのはいったいどんなときなのか、地図のように把握するとは、どういうことなのか。

教育の世界では、「地図を描かせるとその子の学力がわかる」という趣旨のことをよく聞く。「学力」という用語がどのような定義に基づいて使用されているのかはいったん措《お》くとして、このフレーズは何を意味するのか。それは、いかに自分の生活経験を離れてものごとを「客観的に」説明できるか、ということなのである。

実際に自分が歩いているように（その映像を再現するように）図を描くことは、紙の大きさに制限がないのなら簡単なのだが、一定の範囲内に描こうとすると、意外と難しい。すべての順路が見えているわけではなく、そのつど、ある目標物に従って左に右にと曲がって目的地にたどり着く。また、歩き始めた最初から目的地が見えているわけでもない。したがって、歩いているイメージ通りに描き始めると、与えられた紙をはみ出てしまうこともある。人間の具体的な動きそのものを最初から一定の範囲内で表現するためには、ちょっとした訓練が必要なのである。つまり、それを他者に、しかも生活経験を共有していない他者に伝えようとするときには、まずは誰にでも通用すると思われる記号の使用が求められる。日常生活での認識やそこで通用する言葉を離れ、「国道4号」といった「標準化」された語り方（認識）が必要とされる。しかも、始点と終点を一定の空間に縮尺し（つまり先を見通し）、実際の身体の動きを抑制し、静的に表現しなければならない。

このような認識の仕方が「学力」と表現されているところが、学校という空間の特徴をよくあらわしている。別の例でもう少し象徴的に述べてみたい。

生活感覚としては、太陽は山に沈んだり、海に沈んだり、あるいはビルの向こうに沈むのであって、西に沈むわけではない。しかし、学校では「西」が正解である。[☆22] この場合、西の方角に何があるかは問題にならない。そして、ここで重要なのは、「標準化された西」という把握が科学的・合理的だとされている点である。つまり、学校では、日常の生活感覚を離れて、実際には見ることのできない「西」をイメージし、実感できない上空から見る地図の発想でものごとを考え

---

☆22　ちなみに、いつの時代の教育論にも、子どもたちの生活経験の不足を嘆く議論がある。自然体験が少ないから理科的な知識も定着しないといった嘆きをよく聞く。しかし、現実の空にはプラネタリウムのように「西」とは書いていないので、実際に夕日が沈む場面を何度見ても（つまり自然体験をたくさんしても）、そちらが西であるという認識には至らない。日が沈むことと西という方角は、生活の中では簡単には結びつかないくらい、別の事柄である。

ることが求められるということなのである。

学校のこのような特徴については後の章で改めて論じることとして、ここでは、地図のような把握は、科学的であるとされ、学校教育で求められる認識方法であるということをまずは確認しておきたい。[☆23] つまり、ある程度の抽象化は避けられないわけである。しかし、そのことで失われるものもある。わたしは地図を描こうとすると、紙からはみ出してしまうことが多く、何度も描き直す。もちろん、その恨みを晴らすためにこんな議論をしているのではない。より多くの人とかかわろうとするときに、具体を離れたある程度の標準化が求められるということ、そしてそのことで社会（というよりも国家）が成り立っている、しかもそれが民主主義と呼ばれているということの問題性を考えてみたいからである。

この「標準化」は、「普遍主義」的発想に結びつく。これは、たとえば、「お互い同じ人間（個人）なのだから」という前置きとともに「人権」や「権利」が語られるときに感じることができるものである。次章でみる個人への着目（個人主義）とそれに基づく人権思想は、どうしても普遍的な語りになりやすい。「同じ人間（個人）」というのは、確かにその通りではあるのだが、このように表現されてしまうと、具体的な生活状況が背景に退き、あるいはかき消されてしまい、誰もが「平等」に同じような生活をしているとの錯覚に陥ってしまう。したがって、さまざまな差別状況が社会的課題として浮かび上がってこなくなってしまう。この点の懸念は、サルトルのつぎの見方と重なる。[☆24] つまり、「民主主義者がユダヤ人や中国人の同権を要求する場合、ユダヤ人や中国人も人間であるからであって、彼等が、歴史の生んだ具体的で個的な産物であることは考えていない」ことの問題性である。サルトルによれば、ユダヤ人は「社会的人間」なのであり、社会がユダヤ人問題を生んだのである。

もし、歴史性を踏まえない抽象的な認識で何も困ることがない人がいるとすれば、その人はいわゆる「マジョリティ」に属しているのである。自分の生活経験を基にして考え、行動しても、十分に権利が保障されていると思えるのだから。このような認識のままでは、「人権」を語りながらも、それが保障されない状況が続き、固定されて「動かない社会」ができあがる。これを「秩序」が維持されている状態だと感じるとすれば、繰り返すが、その人は「マジョリティ」に属しているのである。このような「全体性」はどのようにして正当化されてきたのか、確認していきたい。

---

☆23　この認識方法の獲得は、同時に、生活経験を共有していない他者との情報交換の際に必要とされ、それによって、より広範な人々とのつながりが形成され得る（つまり、きわめて有益）という議論にもつながる。

☆24　ジャン゠ポール・サルトル／安堂信也訳『ユダヤ人』岩波新書、1956年、147頁。なお、ロビン・ディアンジェロは「みんな同じ人間」であるとする普遍主義がレイシズムに適用される点を指摘している。（甘糟智子訳『ナイス・レイシズム―なぜリベラルなあなたが差別するのか？』明石書店、2022年）

## 自由と国家の関係

ホッブズは、「万人の万人に対する闘争」という社会観・人間観であまりに有名である。その闘争状態を脱し、各人の安全を保障するために国家の必要性が説明される。ここでの国家は、警察のイメージであり、管理・監視を前提とするが、そのことで、とりあえずは自らの生命が危険にさらされる心配をしなくて済むのだから、その状況は正当化される。[☆25] 現在、街に多くの監視カメラがあることに慣れているわたしたちは、このホッブズ的発想にあまり違和感をもたない。[☆26] 「闘争」とまでは言わないにしても、「いろいろな人」がいて、何が起こるかわからないのだから、各人の自由な行動を確保するためには、ある程度の自由は犠牲にしてもよいのだと考えている。いや、実際に世界各地で多くのテロも発生しているし、むしろ、より厳しい行動統制や情報管理が不可欠である、と。

このような思想は、高校での「政治・経済」の授業で詳しく学ばれる。そこで、実際の教科書の記述を紹介しながら、国家のあり方について確認しておきたい。多くの教科書は、最初に「民主政治」や「国家」を扱っており、その中で、ホッブズ、ロック、ルソーがそれぞれの肖像画とともにセットで紹介されるのが定番である。『リヴァイアサン』の表紙の扉絵が載っているものも多い。そしてその後に、モンテスキューとリンカーンが登場する。

たとえば、ホッブズの社会契約についての説明は、つぎのようになされている。以下は、清水書院の『高等学校 現代政治・経済 新訂版』（2020年発行、12－13頁）による。

各人は、自分の生命を維持するために（自己保存）、自分の力を用いる自由（自然権）をもっている。しかし、もし、すべての人が自然権を無制約に行使すれば、人間の共存と平和はおびやかされる。そこで人間は、自由の制限を制度化するために、社会契約を結んで、自分のもつすべての自然権を国家（主権者）に譲渡する。人間は、完全に不自由になる代償に生命の安全を手に入れ、あらゆる自然権を譲渡された主権者は、全能の権力を手にする。これがホッブズの説く社会契約説である。

☆25 実は、このようにして国家の存在を正当化することは、戦争をしたい国にとっては都合が悪い。なぜなら、人々の生命の安全を保障するために人々から一定の自由を譲渡される形で成り立った国家が、「国のために命を捨てろ」とは言えるはずがないからである。この点の議論も含めて、社会契約および自然権等のとらえ方について、以下を参照されたい。吉田量彦『スピノザ』講談社現代新書、2022年、とくに196－220頁。

☆26 これを防犯カメラだと言う人もいるが、実際には、「防犯」になっていない。犯罪が起こってから、その犯人捜しに利用されているだけである。カメラがあるから罪を犯さず踏みとどまる、という説明もなされるが、そもそもそういう人はカメラがなくても踏みとどまるだろう。

ロックの『統治二論』を紹介する記述では、人々は自然権の一部を信託して政府をつくるのだが、だからこそ、政府がその信託に反して権力を濫用すれば、人々は抵抗して権力を打倒することができる、とされている。また、ルソーの『社会契約論』については、すべての自然権を共同体に引き渡すのだが、それに平等に参加することで共通の利益（一般意思）が形成されるのであり、それに自発的に従うことで人間は自由になる、と説明されている。この3人が「自然状態」をどうとらえていたかについては違いがあり、それは当然人間観の違いともなり、契約の性質も異なってくる。しかしながら、いずれも「秩序」維持が課題であり、その方法として国家がイメージされている。

同じく清水書院の『高等学校　新政治・経済　新訂版』（2020年発行、11頁）には、「深める視点」というコーナーでアナキズムのことがふれられている。

これに対して、国家権力だけでなく、あらゆる政治的支配の必要性を否定する人びともいる。アナーキズム（無政府主義）の論者は、秩序の維持のために統治者が必要なのではなく、むしろ統治者の存在が自然の秩序をゆがめていると主張する。国家権力による強制なしに、人間は平和と秩序を維持していけるのだろうか。

まさに、この最後の問いかけにどう答えていくか、この章で考えたいのはこのことである。教科書が想定する解答は、おそらく「ノー」なのだろう。しかし、実際には「イエス」なのだが。教科書にあるように、国家は「強制力」によって、何をするかわからない存在だとされたわたしたちが闘争状態にならないように、常に監視する。これに対して、国家権力による自由の侵害だ、プライバシーの侵害だなどと言えば、露骨に嫌な顔をされてしまうのが現状である。伊藤計劃のSF小説『虐殺器官』(ハヤカワ文庫、2010年)には、このあたりの問題点がつぎのようにズバリと指摘されている。

九・一一のあと世界はテロとの戦いをはじめた。(中略)いくら厳しく締めつけてもテロは起こり続けた。(中略)こうして幾つもの認証をくぐるのは、その結果だ。ぼくらは自分の存在を分刻みで証明し通知することで、日々の安全を得ている。(中略)普通の人々は、認証を通りすぎるたびに自分がより安全な場所へと近づいているような感覚を日々体験しているはずだ。もちろん、それは妄想にすぎない。それら一つ一つは通過点でしかなく、どんなに認証を通過したとて、その行動自体はある場所からある場所への移動にすぎない。(133頁)

認証がこれだけ街のあちこちにあり、通過地点が逐一記録されるようになっていても、そうしたリスクを考えない自殺的、無計画的、突発的な犯罪は一向に減る傾向がない。(208頁)

ここで求められているようなことは、けっして架空のことではない。わたしたちは、いま、日常生活の中で、常に自己証明を求められている。たとえ自分のきょうだいが役所の窓口業務に就いていたとしても、何かの申請等をするときには「身分」を証明するものの提示を求められる。そして、いつも（監視カメラなどによって）「見つめられること」に慣れている。何のために「見つめている」のかと言えば、何か悪事を働くのではないかと疑い、一定の評価を下すためであるのだが、そのような「まなざし」に安心感さえ覚えるようになっている。

しかし、わたしたちは本当に「安心」しているのだろうか。逆に言えば、本当にホッブズ的な発想を実感しているのだろうか。実感できないのではないか、というよりも、むしろ「闘争状態」は事実に反しているのではないか。

グレーバーは、「いったいどうして、われわれの社会は（中略）自分たちを統制する系統的暴力などなくても、みなが一緒に生きることができるということを忘却してしまったのか」と問いかける。[☆27] そして、人類学は、国家なき社会、警察なき社会になっても混沌が支配したり、相互殺戮が起こったりしない無数の事例を知っている、と。

## 人から調整力を奪う信号機

統制がなくなることで何が起こるのか。先に引用したスコットが「赤信号の除去」というわかりやすい事例で説明してくれている。[28]

交差点で信号機がなくなれば、きっと大混乱となり、事故が多発すると考えるのが普通だろう。しかし、信号機を除去し環状交差点にしたオランダのドラハテンでの実験の結果は違った。1日2万2000台が通行する交差点で、信号機除去から2年間に起こった事故はわずか2件(それ以前は36件)。一見すると危険と思われる環状交差点で「注意深く常識を働かせながら運転しなければならないと分かっている運転手は、きびきびと交差点を通り、渋滞やこれに伴うイライラはほとんど見られなくなった」という。「信号機によって課される強制的な調整をもたない状況は、実際には運転手の注意を喚起することになった」のである。信号が過剰になると、運転手はかえって道路の状況を見なくなり、判断を信号に任せるようになる。つまり、指示が多くなるほど、危険が増すのである。常に危険があるからこそ、それを避けるための自発的な調整が相互に行われ、結果として安全が保たれるというわけである。[29]

---

☆27 デヴィッド・グレーバー/高祖岩三郎訳『アナーキスト人類学のための断章』以文社、2006年、8頁。

☆28 ジェームズ・C・スコット/清水展他訳『実践 日々のアナキズム』岩波書店、2017年、96‐99頁。

☆29 これが「実験」として始められたからといって、何か特別な仕掛けがあったわけではない。むしろ、実際に停電によって信号が機能しなくなったことがあり、そのとき、混乱が起こるどころか、むしろ交通がスムーズに流れたという経験が元になっている。

見通しがよく、どの方向からも車の姿がない場合でも、赤信号で止まっている歩行者の姿は一般的である。そこでは、何のために信号があるのかは忘れられている。というよりも、そんなことは考えたこともないというのが正確だろう。とにかく信号が青に変わるまでずっと待っていれば「安全」だと信じている。自分で判断することを放棄してしまっている。それは自由の放棄なのだが、誰もそうは思わない。信号機は、人々がそのつど状況を見ながら行う調整を代替している（というよりも、その調整力を人から奪っている）のだが、実際には、人々に命令を下し、従わせる力を得てしまっている。☆30

駅で乗り換える人、出口に向かう人、店舗に入ろうとする人、さまざまな方向に行き交うが、多くはぶつかることなく流れていく

要するに、「調整」するという自発的な相互行為を誰か（何か）にゆだねると、譲渡されたものが人々に命令を下すようになる、ということである。ここに、権力機構が誕生する。

## 国家と社会の関係

若干の検討ではあってもここまでで明らかなことは、わたしたちは、自分たちの生活に根ざした、いわば「土着」の認識と言葉によって社会をつくりあげている（あるいは「つくりあげてきた」としたほうがよいのかもしれない）にもかかわらず、それを否定し、権力的に国家によって統制されることで自由と安全を得ていると錯覚している、ということである。たとえ民主的な手続きによる法律制定の下での生活であったとしても、政治は人々を抑圧し続ける。たとえば、プルードンは「19世紀における革命の一般理論」の中で、つぎのように指摘している。[☆31]

経験は以下のことを証明する。すなわち、いずこにおいても、またつねに、政府は最初それがいか

---

☆30 最近、ＡＩが人間に代わっていろいろと判断することへの期待や批判もあるが、わたしたちは、とっくの昔に、判断を完全に機械に任せてしまっている。

☆31 猪木正道他編『世界の名著42 プルードン バクーニン クロポトキン』中央公論社、１９６７年、１５４頁。

に民衆的なものであったとしても、結局はもっとも貧困で、もっとも多数の階級に対抗して、知識水準がもっとも高い、いちばん金持の階級の側にくみするようになったということ。さらに政府は、しばらくは自由主義的な態度を維持したのちに、少しずつ例外的、排他的になったということ。最後に、すべての人々のあいだで自由および平等を支持するかわりに、政府は、特権へのその自然的傾向のゆえに、それらを破壊するために執拗に努力したということ、以上である。

続けてバクーニンの「ロークルおよびショー・ド・フォンの国際労働者協会の友人たちへ」の中の記述も確認しておきたい。

まず彼は、国家の賛美者たちの国家イメージをつぎのようにまとめる。つまり、国家とは、各人の利己的な行動によって混乱が起こらないように、万人の利益や集団的福祉を実現する公共的な事柄なのであって、全体の利益のためには個人や比較的小さな集団の自由の犠牲は必然である、と。したがって、その犠牲は「道徳的」であり、「正義」であるとされる。

しかし、単純に考えてみれば、「全体」や「万人」と言っても、それを構成するのは具体的な人間であり、あるいは小さな集団なのだから、それらの自由や利益が犠牲にされたうえで成り立つ「全体」とはいったい何を意味するのかという疑問がわいてくるだろう。バクーニンは「国家」の本質をつぎのように述べている。☆32

いわゆる万人の福祉という虚構の名において全体を構成するあらゆる部分の権利と生活との制限によって、むしろその完全な否定によって、生きた社会を圧殺する抽象なのです。

それゆえに彼は「国家とは、その原理自体からして、一つの巨大な墓場」だとも言う。確かに国家は人々に虚構を信用させているのかもしれないが、その抽象性だけでは存続できないだろう。では、いったいその実体はどこにあるのか。つまり、国家の存在に利益をもつ集団があるはずで、それが「財産を所有する統治階級」であり、「国家は常に、なんらかの特権階級の世襲財産」だということになるのである。時代と地域によってその特権階級の具体的姿は変容するかもしれないが。

ダメ押しというわけではないが、つぎの引用もしておくことにする。[☆33]

国家とは、人間性の最も明白で、最も破廉恥で、最も完全な否定である。国家は、地上のすべての

☆32 猪木正道他編『世界の名著42 プルードン バクーニン クロポトキン』中央公論社、1967年、388頁。

☆33 勝田吉太郎『バクーニン』(人類の知的遺産49)講談社、1979年、244頁(勝田によるバクーニンの『連合主義・社会主義・反神学主義』の翻訳部分より引用)。

人間の普遍的連帯を破壊し、その一部を結合させることはあっても、残りのすべてを破滅させ、征服し、従属させるためにほかならない。

もちろん、これらの国家論は思想史的にも検討されねばならず、単純化してそのまま現代の日本にスライドさせてよいかどうかについては慎重さを要する。しかしながら、国家や政府というものの性質を考えようとする場合、その統制力の強さと抑圧機能に着目せざるを得ない。たとえば、高橋和巳の『邪宗門』の中にあるつぎの記述を読むとき、その内容がアナキストのそれに一致するしないの問題とは別に、わたしたちの生活実感としてそれほどの違和感をもたずに読み取れることも、その証拠のひとつと言えるだろう。[☆34]

政府は常に人々の幸福の増進と人間解放を大義名分としながら、真に民衆がそれを自分で追求しはじめれば、必ずそれを弾圧するものである。

わたしたちは、権力的統制による自由の確保が「錯覚」（幻想にすぎないということ）であることに薄々気がついているのではないのか。卑近な例で言えば、道路交通法をいくら精緻に練り上げていったとしても、おそらく事故はなくならないだろうということをわたしたちは理解しているはずである。また、少年法を厳罰化の方向で改正しても、非行の抑止にはならないこと（少年法に限らず、「厳罰化」による犯罪の抑止は、簡単には結論づけられない）も、少なくとも直感的には理解しているはずである。実際、ごく簡単な統計資料を見るだけでそれはわかる。むしろ必要なことは、人々とのつながり（支え）であり、会話であり、そこから得られる安心感だという ことを感じているはずである。

つまり、このような「気づき」は日常生活の中にちりばめられているのである。しかし、それをていねいに拾い上げ、ひとつのまとまりとして認識する勇気とすべが不足している。それを後押ししてくれるのがアナキズムなのではないか。

クロポトキンは、「アナーキズムは（中略）国家に対して個人を擁護する側に立ち、また、歴史的諸条件によって社会を支配している権力に対抗して、社会のほうに味方しようとする」と明確に述べている。[☆35]

☆34 高橋和巳『邪宗門』（下）河出文庫、2014年、605頁。
☆35 猪木正道他編『世界の名著42 プルードン バクーニン クロポトキン』中央公論社、1967年、554頁。

## 「国家なき社会」のイメージ

国家が抑圧的な権力機構であることはわかったとしても、現状では、「国家」がなかったとしたらどうなるのか、という具体がなかなか思い浮かばない。あるいは、思い浮かぶのは、すでに述べたように「闘争状態」で治安の乱れた弱肉強食のおぞましい状況でしかないがために、なかなか国家を前提とした思考枠組みから逃れられない。「国家なき社会」のこのようなイメージは、教育の世界に当てはめれば、「校則なき学校」と言えるかもしれない。強制力のある統制的な規則を外から与えなければ、大混乱となる、という不安と恐怖からわたしたちは簡単には脱出できない。わたしたちは、他人のことを、そして自分のこともあまり信用していないのかもしれない。何か守るべき規則を誰かから与えてもらっておかないと、何をするかわからない危険な存在だ、と。しかし、これは実態とは異なるはずである。

ピエール・クラストルは「国家なき社会」について語ることで、わたしたちに、いわゆる西欧型の近代的生き方の基準に疑いをもつよう促している。[☆36]

まず、「未開社会は国家なき社会である」という否定表現がもつ問題性が指摘される。[☆37] 西欧「先進国」の基準から見れば、いろいろな点に「欠如」が感じられ、それゆえに「遅れている」

社会であるというレッテルが貼られやすい。生産物の流通する市場をもたず、高度な技術もないなど、その暮らしは、生き残るための最低限の食糧生産で精いっぱいで、余剰を生み出す能力などない悲惨な生活状態にあるのだ、と理解されていく。しかし、クラストルは、この見方が決定的に間違いであることをつぎのように説明する。☆38

未開社会の人間は、生き残りのために常時食料を探索するという動物的生活を強いられているどころではなく、生き残りという結果（中略）を実現するのに、著しく短い時間を費しているに過ぎないのだ。（中略）望みさえすれば物質的な財の生産を増加させるのに必要な時間は充分にもっている（中略）。人間が自分の必要を越えて労働するのは、強制力による以外にはない。ところがまさにこの強制力が、未開の世界には不在なのだ。

「欠陥」「遅れ」「無能力」ということではなく、「無用な過剰の拒否」であり、「生産的労働を

---

☆36　ピエール・クラストル／渡辺公三訳『国家に抗する社会』水声社、１９８７年、２３５－２７２頁。

☆37　「未開社会」という表現がいいかどうかの問題はあるが、ここでは翻訳書の通りとする。原語は、*les sociétés primitives* である。

☆38　ピエール・クラストル／渡辺公三訳『国家に抗する社会』水声社、１９８７年、２４３頁。

必要の充足に調和させる意志」があるということなのだ。「生産は支出されたエネルギーのストックをもとの水準に戻すことに限られる」のであり、誰がそれを受け取るのかもわからないまま、それ以上の時間を費やして生産する誘因はないということである。この点に関して、生産に必要な斧の例が紹介されている。石斧に比べて「白人の斧の生産性の優位を知った時、彼らがそれを欲したのは、同一時間で十倍のものを生産するためではなく、同一量を十分の一の時間で生産するためだった」と。しかし、現実には、この鉄製の斧と共に、暴力と強制力と権力が入り込み、社会が破壊されていくことになるのだが。

ある社会が維持されているということは、その社会に必要なものは満たされているという証拠である。そこでどのような技術が使われていようが、それについて高度だとか遅れているだとかの評価を与えることはできない。充足しているからである。必要が出てくれば、それを満たすように動けばよい。そのために必要な知識や技能は、すでに蓄積されているのである。ここには、相互に補い合いながら、自分たちの必要を満たしていく関係がある。これを「はみ出す」と、格差が生じ、支配と被支配の政治的関係が成り立ってくる。植民地支配によって「主人」のために生産する関係が明確になってくる。

こうしてクラストルは、未開社会の性質を「不平等の禁止」として特徴づける。逆に言えば、不平等は国家によってつくられるということになる。このような分析は、とても魅力的に思える。それは、「はみ出し禁止」と表現できるかもしれない。

これには定番の反論がある。「じゃあ、いますぐに未開社会のような生活ができるのか」と。確かに、ここで言われていたような「未開社会」の暮らしぶりを現代の日本にそのまま当てはめようとしてもうまくいかないのは当たり前である。悲しいことに、わたしたちは、すでに国家権力の構造の中にしっかりと組み込まれているのだから。クラストルが魅力的であるのは、国家の中にありながらも、何が私たちを苦しめているのかを自覚させてくれる点である。

とはいえ、どうしてもわたしたちは、「はみ出して」しまう。余剰や備蓄が「大好き」になってしまう。☆39 一方で、「無駄」をなくす、「節約」するという道徳的な意味で、ＳＤＧｓが流行っているが、本気で誰もそんなことを考えていないことは明らかである。食べ物を大切にしようと言いながら、テレビでは大食い競争の番組が流れている。節電だと言いながら、電気自動車やオール電化の家が売られている。そのかけ声とは裏腹に、莫大な電力を必要とする施策がまかり通っていることにもっと敏感でありたい。電気自動車を増やすのではなく、自動車への依存そのもの

---

☆39　政府自体が老後の生活のためには個人で２０００万円の貯蓄が必要だなどと言っている国にわたしたちは生きているのだから、いまの必要を満たすこと以上に働かないと将来の生存が脅かされてしまう。国家は、人々が安心して暮らせるためにつくられたという言い方がまったく的外れであることは、日本に生活していればすぐに実感できる。国家の枠の中でわたしたちは弱肉強食の関係を強いられているのである。そのような関係を克服するために国家がつくられたはずなのに。

を問い直さねばならないし、タブレット型端末の配布に代表されるように、かなりの電力を消費するパソコン機器の教育界への大量導入ではなく、それらを使用しなくても子どもたちが安心して学べる人間関係を大切にしてはどうか。資源・エネルギーを節約する生活に本気で取り組むためには、単に「減らす」という意味での「節」という発想とは異なる課題設定が必要ではないか。ＱＯＬ（生活の質）が問われ、自然とともに生活するイメージが良いものとして宣伝されているが、一定の自然破壊（他の生物が享受するはずのエネルギーの搾取等）をしなければ人は生きていけない。これをどの程度抑制できるか、そのためにはどういう発想で生活を見直してみるとよいのか、「国家なき社会」の議論は、この点で有効な視点を提示してくれる。

なお、ＳＤＧｓの批判的検討は、池田清彦による『ＳＤＧｓの大嘘』（宝島社新書、２０２２年）を見るとわかりやすい。その最後の章で池田は、日本の「里山」は、「ただ手つかずの自然を守っていればいいといったものではなく、そこで生きていく人間の手入れが行き届いたものなのだ」と述べている。つまり、それはその土地で生活する人々の知恵の凝縮された姿なのであり、「日本のそれぞれの地域内で完結するような取り組みや、実現できそうな地に足のついた目標を設定するだけで、十分日本らしい持続可能性のある社会が実現できる」というわけである。実は、このような認識は、アナキズム的社会観と通じている。

## 相互扶助のある社会

今日、「相互扶助」という言葉が思い浮かぶ状況としては、災害時がわかりやすいかもしれない。地震や洪水等への対応やその後の生活にとっては公的な救済・支援が不可欠であるのだが、緊急を要する場合にはそれを待ってはいられない。命にかかわるのだから、すぐの対応が求められる。そこで、日常的な人々のつながりが大切になってくる。どこに誰が住んでいるのか、このような情報は実際に生活している者にしかわからない。そこでの活動には、組織的な上下関係があるわけではない。ひとり一人が相互に自発的に必要なことを補い合っていくのである。

ただし、被災しているのだから、それぞれにできることも限られてくる。そのときに、ボランティアが活躍することになる。命令や強制ではなく、自発的な行動である点に、ボランティアの特徴がある。そして、必要がなくなれば、解散していく。近年では、マスコミでも盛んに取り上げられ、人々のネットワークの力強さを印象づけている。

ここには、国家による強制力を背景とした秩序ではなく、人々の自由な動きの中から自生的に生み出される秩序がある。ただ、それは、国家という大きな枠組みから見れば、小さな部分社会での出来事であり、それを人々の生活の基本思想のようにとらえていいのか、との疑問もあるだろう。しかし、わたしたちが実際に生活しているのは、かなり小さな範囲であり、顔の見える関係の中で暮らしている。問題なのは、お互いに補い合える人々が近所にたくさんいながら、そのつながりが見えてこない点ではないか。普段、とくに問題が起こっていないときには、その関係が前面に出てくることはないとしても、何か必要があれば、知恵と意見が豊富に出てくる、そういう関係の現実的な必要性にもっと着目していいのではないか。☆40

それでも、政府なしで生活していくなんて空想だという非難は、根強いだろう。あるいは、仮にそのような相互扶助的な近隣のあり方が機能しているとしても、むしろそれはかつての「ムラ社会」的な特徴をもつものであって、逆に個人の自由を制約しているのではないか、との指摘はあり得る。冠婚葬祭のときに相互に助け合う姿は確かに想像できるし、実態としてもよくわかるが、それは、いわゆる「村八分」を正当化する閉鎖的共同体をも意味するのではないか。まさに、そのような社会の姿は、かつて社会学的な分析の対象にもなってきた。

こうした議論から、宮本常一の『忘れられた日本人』を「思い出した」人もいるかもしれない。今日では、このような生活のあり方を実感をもって「思い出せる」人自体が少なくなってきているだろうが。そこでは、結論が出るまでとことん話し合う人々の姿が描かれていた。徹底した民主主義である。多数決に頼らず、ていねいに説明していくわけである。

このような近隣による相互扶助は、国家的な権力関係が介在することはないとしても、権力の存在を否定しているわけでもない。したがって、「反政府」なのではない。あくまでも、必要な範囲で、自分たちの生活の論理で動こうとしているのである。それを考えれば、実は、今日においても、それほど非現実的な生き方ではないはずである。

ごく簡単な例で言えば、自分の家で使わなくなった子どもの玩具や読まなくなった本や雑誌、あるいは家具などを、「ご自由にお持ちください」と貼り紙をして家の前の道に置いておく、といったイメージである。粗大ごみにするのでもなく、リサイクルセンターに売りに行くのでもなく、近所で誰かそれを必要とする人がいるかもしれないと考えてみること、それを通じてつながっていくことの重要性、そして、それ自体のおもしろさ。やっていることは、実に小さなことで、つまらないことのように思えるかもしれないが、そのように発想することの中に含まれているアナーキーな秩序感覚が、生活のあり方を大きく変えていくことになるのではないか。

この発想に従って、いまわたしは、勤務校の自分の研究室のある廊下で図書の「自由貸出」コーナーをつくっている。適当にもって行って、適当に返しておいてください、といった方式である。最近、物理的事情で規模を4分の1程度に縮小せざるを得なくなったのが残念だが、案外、

---

☆40　宮本太郎は「共生保障」という概念で、資本主義的経済活動とは異なる労働や雇用のあり方を分析している（宮本太郎『共生保障』岩波新書、2017年）。それは、「支える側」と「支えられる側」という二分法的とらえ方ではなく、「支え合い」である。多様な形で働けるよう職場環境を調整していくことや、「障害」をめぐる就労問題なども含めて、具体的事例とともに紹介されている。

「ご自由にお持ち下さい」という貼り紙が。
夜、近所で発見。写っているチェストは
翌日の昼にはなくなっていた

大学の個人研究室前の廊下に設置した本棚。
本がなくなることはない。仮に戻って
こなくても、それは長期貸し出し中ということ

利用者がいる。図書は動いているし、ちゃんと返却されている、たとえ1年後であっても。図書館で本を借りても、いろいろな事情ですぐに読み始められないときもあるだろうし、また、しばらく手元に置いておかないと、他の文献との関連が出てきたときにすぐに作業に移れないこともあるだろう。もう絶版になっているものであれば、購入も難しい。学生にとっては、使い勝手がいいのではないかと思っている。

## 進化論からのメッセージ

すでに指摘してきたように、社会契約のような考え方に立って国家を理解しようとすれば、安心は国家によってもたらされていいはずなのだが、実際にはそうではない。わたしたちは、安心して暮らしたいのだ。そのためには、生活のあり方をどのように考え、どのように変えていけばいいのか。これまでの行論で、その糸口はつかめてきたように感じられる。「土着」や「信頼」などがキータームになるような関係の構築に向かっていく必要がありそうである。

そのときに、どうしてもわたしたちの前に立ちはだかるものが「競争」である。しかも「生存競争」である。本来、憲法によって生存権が確立されている国において、競争しなければ生きていけないなどということ自体が、解決すべき大きな社会的課題として設定されていなければならない。ところが、その「競争」は、「適者生存」「自然淘汰」といった生物学的な用語に包まれて、いかにも自然の摂理であるかのごとくに必然視されている。本章の最後に、この点をすっきりさせておきたい。つまり、ダーウィンの『種の起源』の中からわたしたちはどんなメッセージを受け取らねばならないのか、ということである。

実は、クロポトキンの『相互扶助論』の第1章と第2章は「動物の相互扶助」を論じ、ダーウィンの「生存闘争」という概念が誤解を受けていることに言及している。それがあくまでも比喩的表現であるということを、『種の起源』の中でダーウィン自身が述べていたのである。[☆41]「進化」という言葉は、日常的には「進歩」「発展」といった言葉と同様に使用され、上昇してより良いものになっていくというイメージを人々に与える。あるいは、ある目的のために変化していくといった理解がなされる。しかし、ダーウィンは、そんなことは言っていない。まさに近代の競争社会のフィルターを通ることで、そのように読み替えられていったのである。生物は、常に突然変異を起こし、その変化がたまたま生存に有利に働くとすれば、その性質が何千世代にもわたって受け継がれ残っていくということであり、進化とは、そのようにして異なる環境に適したいろいろな生物が枝分かれしていくという過程を描いたものである。そこには、価値的な意味はないし、何らかの目的をもって体を変化させていったというような目的論的な理解も含まれていない。

そして、重要なのは、生存していくために必要なことは、他と争って、時には排除・絶滅させていくといった弱肉強食的な闘争ではないという点である。トラなどの肉食獣が草食動物を追いかけるハンティングシーンがテレビなどでよく放送され、弱肉強食を印象づけているが、それは単に食事している場面にすぎない。限られた土地の中でどのようにして生き残っていくのか、ダーウィンはつぎのように述べている。☆42

一つの種の子孫が構造、体質、習性の点で分岐すればするほど、自然界の経済秩序の中でよりたくさんの多様な居場所を効率よく占有できるようになり、そのおかげで個体数を増やせる（中略）。変わり方としては、たとえば、新しい種類の獲物—死体だったり生きた動物だったり—を食べられるようになるとか、生息場所を変えるとか、木に登れるようになるとか、水に入れるようになるとか、肉食への依存を減らすなどといったことがありうる。その動物の子孫は、習性や構造を原種から分

---

☆41 「私が言う『生存闘争』という言葉は広い意味での比喩であり、生物どうしの依存関係や、（さらに重要な）個体の生存だけでなく子孫の存続までも含んでいるということを、あらかじめ断っておきたい」（チャールズ・ダーウィン／渡辺政隆訳『種の起源』（上）光文社古典新訳文庫、2009年、121頁）。なお、鵜飼哲編著『動物のまなざしのもとで』（勁草書房、2022年）においても、クロポトキンがその相互扶助論を動物のそれから説き起こしていることに着目している。動物と人間との関係の政治性（その分け方自体も含めて）に着目しなければ人間自身の自由もあり得ない。その点でこの鵜飼の本は、現在のわたしたちにとって必読だと感じる。

☆42 チャールズ・ダーウィン／渡辺政隆訳『種の起源』（上）光文社古典新訳文庫、2009年、202-203頁。

岐させればさせるほど、さまざまな居場所を占められるようになる。

これは「形質の分岐」と呼ばれている。多様な形態が存在しているほうがお互いに有利なわけである。つまり、奪い合う必要がなく、みんなが生きられる。もちろん、植物でも同様で、一定の区画に一種類の牧草の種を蒔いた場合よりも、何種類かの異なる種を蒔いたほうが、個体数でも全植物体の乾燥重量でも多くなることが紹介されている。

このようにダーウィンを参照しながらクロポトキンは、絶えず互いに闘争しているものと、互いに扶助するものとでは、後者こそが「最適者」なのだと述べる。動植物の相互関係を見ていくことで、相互扶助は、「進化の要素としては恐らくはより大なる価値を有し、種の存続と発展とを保障すべき習慣と特質との発達を促し、同時にまたその各個体に最小の努力をもって最大の幸福と享楽とを得しめるものである」としている。[☆43]

相互扶助をめぐるクロポトキンの議論が、進化論の検討から始まっていることで、ある誤解も生じやすい。これについては、大窪が注意を促している。つまり、クロポトキンは、「人間の社会と同じように、動物の世界にも相互扶助があるということをのべようとしたものではない」のである。彼は、「動物の世界における相互扶助にこそ人間の社会における相互扶助の起源があり、そこにたちもどることを通じてこそ相互扶助を再生できる」と論じたわけである。[☆44]『種の起源』での「進化」や「適者生存」は、現実社会での争いを必然のものだとする見方を正当化してきたように勘違いされている。これは、新自由主義的政策には都合がいい。しかし、ダーウィンが述べていたのは、そして、クロポトキンが着目したのは、いわば闘争なき進化なのである。☆45

進化の検討からわかることは、競争してしまうと生き残れない、ということである。これは、一般的に信じられていることとはまったく反対の事実である。たとえば、ある過酷な環境での生き残りが求められているとき、しかも（話をわかりやすくするために）2人しかいない状況だとすれば、相手との競争は共倒れの危険を招く。仮にひとり生き残っても、自分の能力の範囲内でしか環境に対応できない。つまり、自分のできることは何であり、相手のできることは何なのか、そのことを正確に知り、お互いに補い合い、分かち合いながら生きる方法を見つけていくのが自然の流れである。そもそも生き物は、そのようにして生きてきたのである。これを難しくしてい

☆43　ピョートル・クロポトキン／大杉栄訳『相互扶助論』同時代社、2017年、28－29頁。

☆44　ピョートル・クロポトキン／大窪一志訳『相互扶助再論』同時代社、2012年、262頁。ジェームズ・C・スコット（佐藤仁監訳『ゾミア―脱国家の世界史』みすず書房、2013年）も、居住地を変えたり、生産と消費を変えて生きていく事例を紹介している。そうすることで、相互にぶつかり合うことなく、一定の調和を保つことが可能となる。

☆45　ダーウィンが論じたことのエッセンスや概念などについては、長谷川眞理子による『ダーウィン 種の起源』（NHK出版、2020年）にコンパクトにまとめられている。

るのが、国家という政治的枠組みということになるだろう。

クロポトキンは、『相互扶助論』の第7章で、近代社会に相互扶助の制度や風習を求めるのは困難だと思われるだろうが、実際にフランスなどの例を調べてみると、その権力的な破壊にもかかわらず、相互扶助の諸制度は保存され、あるいは立て直されていることがわかる、と述べている。村落共同体は、土地の共有ということが近代農業の要求と調和しないため、自然になくなってしまったと思われているが、実は、自ら同意して滅亡したところはなく、いずれも長い時間をかけた「支配階級の頑固な努力」によるものだった、と。それでも相互扶助は、脈々と生き続けているのである。クロポトキンは、その根拠を（日常的な）人々の内心の相互扶助的傾向に求めている。つまり、「道徳性」の問題（倫理的課題）である。これは、各人がどのようにして社会とかかわっていくのかという問題である。次章では、この「個人」に焦点を当ててみたい。

# 第2章　人間観・個人観

## フランス革命の個人観

第1章で強調してきたような「相互扶助」の関係は、国家の存在を必然としない。その一方で、人権思想の基盤としての「個人」は、国家の形成によって浮かび上がってきた面がある。日本国憲法（第13条）には「すべて国民は、個人として尊重される」とある。人間が「個人」として存在するというとらえ方が人権思想の基本となっていることは、いくら強調してもしすぎることがないくらい重要である。[☆46] それを前提としながらも、その個人のあり方をどう考えるかによっては、わたしたちはとても危険な道を歩まされてしまうのである。

「近代化」は、封建的な共同体の崩壊と資本主義とによって説明されることが多いが、共同体的な横のつながりが薄れたからといって、すぐにわたしたちがイメージするような「個人」が誕生したのではない。「個人」の誕生には個人が行動できる舞台が確保されていなければならない。それを用意したのはフランス革命だったと言えるだろう。

フランス「共和国」は、人間をその「所属」から引き離し（解放し）、人種、信条、民族、宗教等々の「違い」を公的には問題にせず、それらを私的領域に分類することで、バラバラな「個人」を誕生させた。いわば「中間集団」を排し、ひとり一人の個人と国家との関係を明確にした。

これは「共和国原理」と呼ばれる政治理念であり、個人がどのような属性をもっていたとしても、そのことにかかわらず人々は国家形成に参画していくことになる。それゆえに、フランスは「自由の国」、「人権・権利を保障する国」だと言われる。[☆47]

ここでは、国家は平等原理を基盤にしながら人々を個人として管理していくが、日常生活の具体的な社会関係は自由な個人に任されることになる。フランス革命の理念は、公私の峻別を前提として成り立っている。このように「フランス革命は、自由でかつ権利において平等な個人を基礎として国家を再構築しようとする試みであった」のだが、同時に、人々は、革命が否定した身分や職業団体等からの保護を失うことになった。[☆48] この問題解決に向け社会契約という発想によって、「団体を通じておこなわれていた扶助は（中略）国家がそれを保障するから、市民社会にお

---

☆46　日本国憲法第13条には、「個人として尊重される」ことと同時に「自由及び幸福追求」の権利が明記されている。本条は、基本的人権の内容についての包括的条文とされ、プライバシー権などのいわゆる「新しい人権」の根拠とされる。

☆47　共和国原理による権利保障という考え方には、今日、イスラームへの対応の中で、問い直しが迫られている。また、学校教育の実践的課題として、子どもたちの生活背景を考慮しない教育活動でよいかとの疑問も出てくる。この点に関しては、拙稿「フランスの『スカーフ禁止法』にみる移民の包摂と排除」、嶺井正也・国祐道広編『公教育における包摂と排除』八月書館、２００８年、51－73頁を参照されたい。

☆48　波多野敏『生存権の困難』勁草書房、２０１６、2頁。

いては、各個人が自由に自己の利益を追求してかまわない」ということになったわけである。[☆49]
しかしながら、ホッブズやルソーによるこのような社会契約論が現実的ではない点はすでにみた通りである。むしろ、それは個人をバラバラにしてしまった中で、それまでの相互扶助的役割を国家機構に回収していく役割を果たすことになった。[☆50] ここから、国家による「支援」という発想が出てくる。これまで人々の具体的な関係の中で解決されてきたことが、ある一定の公的計画の中で議論され、標準化され、個別（単一）の目的に特化された施策として実施されていくことになる。そして、その支援のためには、個人を「分類」することが前提となる。このような発想は、一般には「機能的」「合理的」であると評価されるだろうが、これが、人々から自由を奪っていく。まずここでは、「自由」だとされた「個人」のあり方に着目したい。

## 「自由な個人」と権利論

フランス革命は「私的な個人」を形成したわけだが、それに伴い、そのような「個人」が行う経済活動までもが私的なもの、自由なものとして理解されていくことを導いた。しかし、その自由は当然ながら平等の理念とはぶつかる。近代社会の「自由」は「所有の自由」であり、「平等」は「所有の機会の平等」ということになっていく。

どれほど儲けようと国家の規制を受けることはなくなった。自由になったのである。その自由は、平等と矛盾するのだが、結果平等を機会の平等に置き換えることで、平等も自由の中に含まれると主張する。それがフランス革命である。こうした自由の前提条件にあるものこそ私的所有であり、その私的所有を公的権力が保障することで、私的所有は国家の権威の裏付けを得ることになる。[☆51]

つまり、私的財産を所有する自由があることが重視されたのであり、誰もが所有を保障されたわけではない。そして、所有する自由が侵害されることは、権利（人権）の侵害となる。所有の自由は国家によって保障されているのだから、「権利は、その行使を国家権力による強制力に裏付けられた資格（権限）」であるということになる。[☆52] 人権侵害に対して国家は刑罰を科すことができるように、わたしたちは、自らの権利を守るために、自由への侵害行為に対して国家による

---

☆49　大窪一志『相互扶助の精神と実践』同時代社、２０２１年、68頁。
☆50　大杉栄は「契約の観念は、社会生活の出発点ではなく、その後の産物である」と述べている。（大杉栄「近代個人主義の諸相」大沢正道編集代表『大杉栄 選　無政府主義の哲学Ⅱ』現代思潮社、１９７１年、71－72頁）。
☆51　的場昭弘『未来のプルードン』亜紀書房、２０２０年、１３９頁。
☆52　高内寿夫『人権の精神』成文堂、２０２１年、19頁。

なんらかの禁圧行為を期待している。この警察機能による秩序維持は、権力関係のない状態での秩序を考えようとするアナキズム的発想とは異なる。しかし、現状は、このような国家機構による問題解決のあり方が了解されており、わたしたちは、これによって安全・安心が保障されていると感じている。

所有が権利であれば、それをめぐる自由競争には誰でも参加できなければならない。その意味では、所有することが開放されたのだが、所有から解放されたのではなかった。むしろ、所有をめぐる競争に乗らないと不利益になる（生活が十分に保障されない）ことが明確となった。しかし、レッセ・フェール（自由放任）の発想に基づいているのだから、どうしてもそこに不平等は生じる。所有する自由は、実質的には、一定の条件下にある人間にしか意味をもたないのであるが、いまは自己責任論によって、不利益は、個人の努力や能力の不足として理解されていく。

このようなフランス革命による「個人」の姿とそれに基づく国家のあり方は、図式的でわかりやすいかもしれない。人々をその属する環境から引きはがし、いわばニュートラルな単体としてとらえ、そのひとり一人と国家とが結びつく形をとることで、どんな人でも自由に行動できると考えたのだから。このように析出されてきた「個人」は、自由という名の下で、横のつながりを切られた状態で生きていくことが想定されている。そのとき、どんな問題が生じるのか。とくに後に論じる教育との関連を意識すれば、それは、「能力」と「心理」をめぐる問題と言えそうである。

## 民法が想定する個人

「個人」とは何かを考えようとするとき、遠回りのようだけれど、民法の規定を参考にしてみるとよいのではないか。近代民法は、フランス革命の精神を前提としているからである。

民法の前提は、自由・平等の精神ということになるのだが、具体的には、「所有権絶対の原則」と「契約自由の原則」として規定される。前者は、国家権力といえども原則としては所有権を侵害し得ないということであり、後者は、どんな内容であろうとも契約は自由に行えるということである。これらを経済活動に当てはめれば、「自由競争主義」ということになる。それがあくまでも形式的な平等である点は、すでにいくつもの社会科学の研究が明らかにしてきている。ここで着目したいのは、自由な社会的行為のためには、「個人」に対して一定の「能力」が求められているという点である。たとえば、「権利能力」、「行為能力」、「意思能力」、「責任能力」、「事理弁識能力（判断能力）」といった「能力」によって人間の行動のあり方が規定されていく。

まずは、すべての人が平等に「権利能力」をもつと前提しなければ、自由や平等の原理は成り立たない。そのうえで、実際に取引を行えるかどうかという点で「行為能力」が問われ、ものごとを正しく判断できるかどうかという「意思能力」が設定される。たとえば未成年者が取引を取り消せるといった場合などには、「能力」が制限されている状態ということになる。また、自分の行動を制御できるかどうかという「責任能力」、自分の行為に対して法的責任が生じることを認識できるかどうかという「事理弁識能力（判断能力）」に関しては、その能力の有無の判断は難しいが、12歳くらいまでは責任能力がないとみなされたり、判断能力は6歳程度で備わっているとされることもあるようである。詳しくは判例を研究しなくてはならないだろうが、ここで問題にしたいことは、近代社会において契約が自由に行われるためには、「個人の能力」が着目されるということである。その能力によって各人の自由は守られ、また、お互いに自らの自由な行為の意味を理解し合うことも可能となる。そして、能力は、あくまでも「個人に属するもの」と理解される。

個人の「能力」ということに関連して、最低賃金法の第7条（最低賃金の減額の特例）もここで確認しておきたい。それによれば、「精神又は身体の障害により著しく労働能力の低い者」に対する賃金は、最低賃金を下回ってもよいとされている。この規定自体の差別性の問題はもちろんなのだが、ここでは、労働という行為が個人の行為に還元される、その「労働観」を問題にしたい。確かに、人にはできることもあればできないこともある。その点では差はある。しかし、その差がどのように機能していくかは、環境に依存している。その「労働能力」を著しく低くしているのは、本当にその個人の問題なのか。仮に、かなりの程度「できない」のであれば、たとえば「できる」ように支援が考えられたり、部署の異動が考えられたり、調整の可能な範囲は本当はかなり広いのではないか。そもそも、仕事の「成果」は、各人の行為の単なる足し算だと考えていいのかどうか。誰がそう判断するかという権力作用の問題もあるが、それを措《お》くとしても、何かに役立っているか、貢献しているかといった判断を個人単位で行うことは難しいはずである。なぜなら、いろいろな個人の関係の中で仕事は進んでいくからである。

これは、学校でのグループ活動の際に見られる問題と同じである。一見すると、発言もせず、あまり身体も動いていないように感じられる子どもがいたとしても、そのことをもって、この子どもは「著しく能力が低い」とは言えない。その子どもも含めてグループは成り立っており、作業がなされているのである。それを個々に分解して貢献度を測定することはできない。全体としてどのような関係が築かれていくのかが重要なのである。しかしながら、学校現場をその典型として、「能力」と言われるものは、「ある」「ない」というとらえ方が可能だとされており、しかも、あくまでも個人単位での所有と考えられているのが現状である。近代的「個人」は、常に「能力」の有無を問われることになったのである。

つまり、所有の自由の考え方は、能力をも所有の対象にした。行動は「能力」に基づいて理解され、その行動は、あくまでも「個人」の行動なのである。このような「能力」の個人化は、その「個人」の成り立ちからして必然的なものであったと言えるだろう。

そして、この個人所有という能力観が学校教育に大きく影響していく。学校という時空間において使用される「能力」という言葉は、提示された学習内容の理解度としてイメージされることが多く、そのようなとらえ方は、民法で確認されている「能力」とは異なるのだが、その点が意識されることはない。

## 個人の浮上と「ロビンソン的人間」の誕生

本章で問題にしている「個人」という言葉はindividualの訳であり、これ以上分解できないという状態を意味するということは、現在ではかなり知られている。「これ以上分けられない」ということを人間のあり方の理解と結びつけているわけだが、これによって、他者とは異なる自分、ひとり一人区別できる個人というとらえ方が成り立つ。ここから、集団は、他とは区別できるそれぞれの「個人」の集まりであるとの考えが一般化してくる。全体は個（全体を成り立たせている要素）の集合体、自分の意志で自由に動く個人の集合体だと理解されていく。

では、なぜ「分解できない」ということが人間理解に結びついたのだろうか。わたしたちは、まず個として発生し、その後に相互に関係をつくっていったわけではない。最初から関係の中で存在し始めた。にもかかわらず、すでに溶け込んでいる関係の中から個を浮き立たせて分離し、その個を相互につないでいこうとする。なぜ、わざわざ集団からいったん切れた「個人」を想定し、その後にもう一度結びつけようとするのか。

わたしたち自身が「分解できない」個体だと想定すると、そこで何が起こるか。それは、バラバラになった個人間の生存をかけた「自由な」競争である。しかも、この競争には、強制的に参加させられていく。しかし、そこでの競争は不平等な競争なのだから、当然、格差が生まれる。つまり、これまでの共同体のあり方の中では得られなかった利益を得る者も登場するわけである。そのような経済活動は、フランス革命に言及しつつ述べたように、国家権力に裏打ちされている。かつ、個人の「能力」の有無が問われることで（今日の法的な意味から見れば誤用であるとしても）、個人間の処遇の違いが「合理的に」説明されていくことになる。個人は、富める者とそうではない者とに大きく分類されていく。第1章でみたバクーニンによる「国家は常に、なんらかの特権階級の世襲財産」であるという把握は、このような競争的「個人」の浮上と重なっている。[☆53]

要するに、競争や格差の必然性を、「自由」の保障として人々が受け入れていく装置として「個人」が機能しているのではないか、ということである。そのような「個人」には、どんな特性が塗り込められているのか。これをわかりやすく解説してくれるものに、ロビンソン・クルー

☆53　その競争の場の典型が、学校ということになる。学校を通して形成される格差は、もはや不平等とは表現されず、自己責任の下での公正さとして了解されていく。結果平等が機会の平等に置き換えられているのである。

ソーの物語がある。
「個人」であることの究極の状態は、たった一人で存在することだろう。つまり、無人島でのロビンソンの状態である（物語の後半で、他者と出会っていくことになるが）。彼は、無人島にいるにもかかわらず、「近代的労働」を行うのである。
難破しながらもどうにか助かったロビンソンは、船に引き返し小麦を見つける。初めてこの小説を読んだとき、わたしはこのつぎの彼の行動に感心してしまったことを覚えている。ロビンソンはその小麦すべてを食べてしまうのではなく、今後、食糧を安定的に確保（備蓄）するために、一部を蒔いて収穫するのである。同様に、見つけた山羊を家畜にし、数を増やしていく。作物を栽培し、家畜を飼い、野生動物からそれらを守るための囲いをつくり、夜中に見回りもし、大工仕事がうまくなり、土器もつくれば、暦と日時計もつくる。彼は1年経つごとに、自分にどういうプラスとマイナスがあったかの損益計算をする。そして、「余剰」が出たことを神に感謝する。ロビンソンは神への感謝を忘れない。「いつも感謝の気持で食卓につき、荒野のなかに、このように食卓を用意してくださる神の摂理の手をほめ讃えた。自分の境遇の明るい面をなるべく見るようにして、暗い面をなるべく見ないようにすることができるようになった。（中略）持っていないものについての不満のすべては、持っているものにたいする感謝の欠如から生じてくるように私には思われるのである」というように。☆54
資本家にとって、こんなに都合のいい人間はいない。労働と道徳とが見事に結びつけられている。合理的に計算し禁欲的に働いて財産を増やしていく「ロビンソン的人間」は、資本主義には絶対に欠かせない。ここで、第1章でみたクラストルの「国家なき社会」で指摘されていたことを思い出してほしい。資本家が労働者をより長く働かせ、生産量を増やしたい場合、たとえば、賃金を増やすという方法がある。この場合、賃金が増え、それほど働かなくてもいままでと同様に必要が満たされるのなら、これまでより短い労働時間でいい、と考えられては困るのである。自分の必要を上回るものを生産することがなぜ必要なのか、という疑問は封印しておかなくてはならない。☆55

無人島のロビンソンは、近代が要請する「個人」の典型なのである。「労働が社会生活に『必要』であると言うことと、人生の意味が労働にあり、労働の意味（喜び）が人生の生きがいになると言うことは、およそ別個の事態である」☆56にもかかわらず、労働が道徳的規範として高い価値を得ていくことになったのである。ロビンソンは、「絶海の孤島で貨幣経済とは切り離された自

☆54 ダニエル・デフォー／鈴木建三訳『ロビンソン・クルーソー』集英社文庫、1995年、182頁。なお、このことに関して、マックス・ヴェーバーの『プロテスタンティズムの倫理と資本主義の精神』を参照すべきことは言うまでもない。

☆55 木田元・須田朗編著『基礎講座 哲学』（ちくま学芸文庫、2016年、240‐244頁）は、「自然と文化」という枠組みから、哲学の歴史の中で「ロビンソン的人間」の特徴を検討している。

☆56 今村仁司『近代の労働観』岩波新書、1998年、149‐150頁。

給自足生活をする人物であるというよりはむしろ、十分に資本主義の精神を体現する近代人」なのである。[☆57]

せっかく人権保障の基礎としての「個人」が、王権を排して登場したにもかかわらず、なぜ、ゆったりと生活できず、常に将来を心配しながら（ロビンソンのように）生きなくてはならないのか。むしろ、「個人」であることによって生活が苦しくなることさえ引き受けなくてはならないのは、なぜなのか。つぎの大窪による解説がとてもわかりやすい。[☆58]

王権を打破することで個人が権利を確保するという、プロテスタンティズムの影響が強くある個人主権論が出てくる。絶対王権は人格的なものであったから、人格的権利というところで個人に変換することができた（中略）。王権神授説に基づく絶対主権ではなくて、信仰によって義とされる個人主権こそが神によってあたえられているんだという考え方も出てくる（中略）。こうして、個人主権が絶対王権を自分のものにする、つまり、絶対王権のような主権、至高の権利を、個人主権の集合体としてもつようになる。（中略）この主権的個人が、近代的個人の基だと思います。結局、これがさまざまな社会契約説と結びつき、特にジョン・ロックの所有権的個人の概念と結びついて、近代的個人のありかたが形成されていったわけです。

要するに、「王」の代わりに「個人」を置いただけということになる。[☆59]そして、これが近代民主主義の始まりでもある。こうして、「個人」として把握されるようになった人々は、契約し、勤勉に働き、所有する「主権」を得たのであるが、そのことと同時に、常に自分自身の「能力」が公的（法的）に問われ、一定の行動が期待され、その意志も問われるようになる。ものごとを認識し、判断し、行動するのはあくまでも「個人」であり、その一連の振る舞いが他者から注目されることになる。そして、「自分の行動は自分に由来する、すなわち人間の行動選択は、自分自身の意思に基づいて行われる」ものであり、「『自由』の意味は、自分の行動の理由、原因が自分自身にある」というように把握されていくことになる。☆60

このように自分の存在が責任の所在として理解されていけば、自分は他者とは明確に異なって

---

☆57 鵜飼哲編著『動物のまなざしのもとで』勁草書房、2022年、27頁。なお、この書でも引用されているように、マルクスも『資本論』第1部第1編第1章「商品」の中で「経済学はロビンソン物語を好むから、まず孤島のロビンソンに登場ねがおう」と述べ、財産目録をつくる等の特徴について指摘している。（カール・マルクス／資本論翻訳委員会訳『資本論』［第1分冊］新日本出版社、1982年、129‐130頁。）

☆58 大窪一志『相互扶助の精神と実践』同時代社、2021年、171‐172頁。

☆59 たとえば、ルース・キンナ（米山裕子訳『アナキズムの歴史』河出書房新社、2020年、69頁）は、「立法の原則―専制政治の根源―に疑問を投げかけようとはせず、単にその立法の力―主権―を君主から国民へと移行しただけに終わってしまった」と述べている。

☆60 高内寿夫『人権の精神』成文堂、2021年、17頁。

いるという意識をもたざるを得なくなる。こうして「自意識過剰な個人」が生み出され、それは「アイデンティティ」や「人格」という用語によって強められていく。他者とは異なる存在であること、つまり「自分自身」であることが要求されてくる。

## 自分探しと自己肯定感の問題

しかし、これとは異なる個人と集団とのあり方を、かつて現象学的地理学の旗手と言われたイーフー・トゥアンは、アメリカのいくつかの地域での密接な共同体の例にふれ、つぎのように指摘している。☆61

・共同体は（中略）何か将来の大きな目的のために利用されるような仮の状態ではない。それは最高の価値をもつただひとつの現実であり、それを分裂の危機にさらすものは何であれ悪なのである。
・付き合いの輪から外れてひとりの特別な個人でいるということには大きな価値はないが、仲間集団の中にいるということには価値がある。
・集団は自分たちの個性を発揮する申し分のない舞台なのである。（中略）メンバーは次々と承認の脚光を浴び、そして次々と退いていくのだ。したがって、誰も公式に認められた永続的なリーダーにはなれず、平等の理想が保たれるのである。集団が集団自体を超越した共通の目的のために招集されることはまったくといっていいほどない。（中略）基本的には支えあっている仲間の中で、個人が自己の重要性という感覚を獲得するための社会的な装置以上のものではないのである。

「個人」であることが「自分」であることとイコールで結びついている世界から見ると、トゥアンが紹介するような集団に埋め込まれた「自分」のあり方は、なかなか想像できない。そればかりか、自分の存在の否定、人権の否定と映る。歴史は、このような集団性から次第に分節化された「個人」が増加してくることを示しているということになるのだが、トゥアンの考えを知ると、その流れとは別の道もあったのではないかと思えてくる。そして、それは現在においても可能な道なのではないか。

近代的な「個人」は自分自身であることに重きを置く。もう「これ以上分解できない」存在なのだから、単体のものでなくてはならない。「自分」という存在は、ひとつの特徴で説明されなければならない。しかも、不変の固定的な性質をもつと考えられねばならない。こうして、自分とは何者なのかという、いわば「自分探し」の問いが成立してくる。自意識やプライバシーの問

---

☆61 イーフー・トゥアン／阿部一訳『個人空間の誕生』ちくま学芸文庫、2018年、39、41、42頁。

題も出てくる。
今日、人権教育の枠組みで、「自尊感情」を高める実践が重視されることが多くなっている。「自己肯定感」と言い換えられることもある。[☆62]自分自身であるという「個人」の発想自体が、尊厳の基礎であったはずなのだが、それが揺らいでいるのである。だからこそ、あえて尊重したり、肯定したりする実践が必要になってしまう。「個人」であることは、精神的に非常に不安定であることがわかる。

このような「個人心理」の問題は、近代小説の大きなテーマともなり、わたしたちは、それを読むことでいろいろな問題のあり方にふれることができる。どんな小説が思い浮かぶかは、人それぞれに異なるだろうが、芥川龍之介の短編「鼻」における和尚の自尊心の問題は、わたしにとってはかなり印象的である。[☆63]

高徳の僧である禅智内供の鼻は、上唇の上から顎の下まで、細長い腸詰めのように下がっている。内供はこの鼻のことをとても気にしているのだが、それは、この鼻が食事をするときなどに不便だからというわけではない。つまり、気にしているのは、鼻の存在そのものではないのである。他者がこの鼻のことをどう見ているのか、どんな噂をしているのかを気にしているのであり、また、自分がこの鼻のことを気にしていること自体が嘲笑の対象になることを気にしているのである。こうして、「内供は実はこの鼻によって傷つけられる自尊心の為に苦しんでいる」のであり、「この自尊心の毀損を恢復しようと」いろいろと試みるのである。自分を尊敬できない、肯定できない、そのままの姿で受け入れられないという、まさに近代的な悩みと闘っているのである。さまざまな集団的なつながりから解き放たれ、自由で自足した「自分そのもの」になったはずが、実際には、「自分であること」に悩むようになってしまったのである。

では、このような悩みは、どのようにして解決されていくのか。ひとつは、共同体を基盤にすえて「個人」を確認していくという方法がある。本書ではここに着眼したいのであるが、もうひとつの方法として、他者の排除や殲滅という思考（志向）があり得る。この点をまずは確認しておきたい。

---

☆62　さらには、「自己有用感」という言い方もある。ここに至っては、かなりイメージが変わってしまう。自分が何かの役に立っているかどうかが自分の存在の肯定につながるというものだが、役に立っているかどうかをいったい誰が判断するのか。そこに権力関係が入り込むのであり、誰かから評価を受けないと自分が保てない状態だということになるのだから、普通はそういう状態のことを自己肯定感が低いと言うはずである。

☆63　芥川龍之介『羅生門・鼻』新潮文庫、1968年。この物語は、『今昔物語集』を下敷きにしており、高校の国語科では、両者の内容を比較するという授業のつくり方が定番となっている。比較によってわかる大きな違いのひとつが「自尊心」の問題である。今昔物語では、事実が淡々と語られていくだけである。

## 不寛容な社会が生む不安

競争的環境の中で自分の不安を取り除くためには、勝ち続けるしかない。「勝者」はほんの一握りしか存在しないことは、冷静に考えれば誰でも理解できる。だが、わたしたちは、もうその路線から降りることはできないと思っていないだろうか。勝つための「能力」が求められ、勤勉であることに高い価値が置かれていく。しかし、勝った者だけが「自由」を手にできるということも間違った認識である。たとえそのときは勝利したとしても、そのつぎの勝負ではどうなるかわからないのだから、常に不安を抱えていなければならない。「ある種の人間だけが自由で、他の人間は不自由だといった社会は考えられない」というサルトルの発言は、このような現実感覚に引き寄せて理解することができる。[☆64]

このような精神状態では、けっして他者に寛容にはなれない。トラブルが起こったときに、いろいろと話し合って、相互に解決に向けて進んでいこうなどとは考えない。コミュニケーションは拒否される。そんな面倒なことをしていたのでは、競争に備えることができない。そこで、面倒なことを回避するためには、はじめから面倒なことになりそうな要素は排除しておくという方法を選ぶ。あるいは、そのような存在自体を消滅させていく。こうすれば、悩まされることなく、自分の力が発揮できる、と考えてしまう。これが「安心」や「幸福」という状態、あるいは「権利」が確保された状態だと勘違いされていく。こんな荒れ果てた心の状態から「人権」の思想が育つはずはない。

このような思考の存在は、学校教育では、昔から問題視されてきた。受験競争に勝つためには競争相手である他の子どもがいなくなればよいと考える子どもの存在などは、典型的である。それが犯罪に発展したこともあった。また、「障害児」を普通学級に在籍させようとせず分離していくことも、「面倒の回避」の露骨なあらわれのひとつである。そして、それは社会全体の中での「障害者」の位置づけにも反映されている。しかも、先に述べたように、「能力」の有無が「個人」であること、つまり、現在の社会における人としてのあり方を条件づけると考えられることにより、排除・殲滅の思想につながっていく。2016年7月の相模原障害者施設殺傷事件（19人の虐殺と26人への傷害）を生んだのは、けっして犯人の個人的性格によるものだけではない。自分の快適さ（勝利）が守られるように、そして、その競争を正当化する「有能」という

☆64 ジャン＝ポール・サルトル、フィリップ・ガヴィ、ピエール・ヴィクトール／鈴木道彦・海老坂武・山本顕一訳『反逆は正しい』（Ⅱ）人文書院、1975年、190頁。なお、「より以上に自由」ということもあり得ず、自由か自由でないか、そのどちらかでしかないとも述べている（186頁）。

「個人」としての存在条件が厳格に守られるように、他者を排除・殲滅させようとするメンタリティが近代的「個人」の中には溶け込んでいるのである。藤田省三のつぎの指摘を引用しておきたい。☆65

全ての不快の素を無差別に一掃して了おうとする現代社会は、このようにして、「安楽への隷属」を生み、安楽喪失への不安を生み、分断された刹那的享受の無限連鎖を生み、そしてその結果、「喜び」の感情の典型的な部分を喪わせた。そしてその「喜び」が物事成就に至る紆余曲折の克服から生まれる感情である限り、（中略）克服の過程が否応なく含む一定の「忍耐」、様々な「工夫」、そして曲折を越えていく「持続」などの幾つもの徳が同時にまとめて喪われているのである。

このように危険で、誰も安心して過ごせないような社会からいかに脱出できるのか。いかにして、相互の関係こそが人権保障の基礎であるということを確保していくのか。個人の心の問題に向けられた「まなざし」の方向性をどう変えていけるのか。近代国家によって安全が保障されるはずだったことを考えれば、あまりに皮肉なことである。

## 不自由な個人を生み出した近代化

ここまでの思考を通して、現在のわたしたちが、実は大きな誤解をしているかもしれないことがわかったのではないか。「個人」には固定的な実体がある、という誤解（あるいは錯覚）である。それを求めて「自分探しの旅」に出かけようとするのだが、むしろ、そのような実体はないのではないか。そのことは、わたしたちが、たくさんの関係の中で実際の生活を送っているという事実から導き出せる。いま、ここで、このようにして生きているこのわたしは固定的なものというわけではなく、どのような関係の中にいるかによって、常に変化する。人間は、まわりの環境でそのつど変化する、そういう性質をもつものとしてとらえたほうがよいのではないか。

「個人」が individual の訳であると述べたが、「これ以上分けられない」ものをなぜ求めるのか。充足し、充満している生活にメスを入れて分解し続け、「もうこれ以上細かくできない」と考えることに一体どんな意味があるのか。しかし、「近代化」はこうして進行した。「これ以上分けら

☆65　市村弘正編『藤田省三セレクション』平凡社ライブラリー、２０１０年、３９４頁。

れない」ところまで細分化していくと、その人の「本質」があらわれ、そのオリジナリティによって「個人」が確定できる、というわけである。そのせいで、人々の生活は隙間だらけになった。どんなに密着していても、あくまでも別個の存在である。その中に「部分」をもたない、完全なる「単体」である。☆66

しかしながら、「人権」を考えるためには、あるいは民主的な社会を実現していくためには、この「個人」というとらえ方が不可欠だとされてきたとすれば、そこには積極的な面があるのだろう。

単体としての「個人」は、フランス革命が想定したように、共同体から分離しているのだから、これまでの共同体的な全体性を客観視できる、ととらえることは可能だろう。つまり、全体から抜け出して、それまでの関係のあり方（価値のあり方）を検討（批判）することが可能になる、ということである。そして、分解されて出てきた「個人」は、相互に、これまでにはない多様な結びつき方をしていくことで別の価値を生み出し、社会のあり方を変えていくことができる、と。おそらくこのように「個人」化をとらえれば、「近代」が良きものであるという感覚になっていくだろう。しかし、これは本当に「近代」が用意した「個人」の姿だろうか。むしろ、このような動きを許さない国家管理が進行しているのではないか。不自由な個人を生み出したのが「近代」だったのではないか。

近代的考え方が、公私の峻別を前提としているのだとすれば、単体としての「個人」の単純な集合体として社会をとらえることになっていくだろう。近代社会は、これまで相互に助け合ってきた部分を国家に託し、各人のために行うことについては完全に自由にしたのだから、個人（のあり方）の中から全体につながる要素を排除したと言える。[☆67] ここにあるのは、量的に把握された「個人」の姿である。果たしてそこに「結合力」を見出すことができるだろうか。つまり、「個人」の中に質的なものの存在を想定していく必要があるのではないか。これは、第1章の最後にふれた、クロポトキンが、ある種の「道徳性」を相互扶助の重要な観点としていたことと関連する。

このような横のつながりを、どう確保していくか。内側からの結合の契機を奪われているのだ

---

☆66 ここから、ライプニッツの『モナドロジー』（谷川多佳子・岡部英男訳、岩波文庫、2019年）を連想した人もいるかもしれない。これは非常に刺激的な議論であり、近代の「個人」のあり方を理解しようとするときにも必要なものであると感じる。ただし、その哲学的議論を経たうえで本書の中に位置づけるには、著者の能力を超えるため、指摘のみにとどめたい。

☆67 このことは、「社会のあらゆる分野、あらゆる領域ごとに、その単位部内での自由と平等を結びつけた自己統治秩序をつくっていた中世社会のありかたと真っ向から対立する」ものであった。（大窪一志『相互扶助の精神と実践』同時代社、2021年、67頁）なお、本文で以下に論じる「量的」「質的」個人のとらえ方は、大窪およびび大窪が紹介しているジンメルの議論に拠っている（ゲオルク・ジンメル／居安正訳『社会学』（上下）白水社、2016年、とくに下巻の第10章を参照）。

から、それは外側からもたらすしかない。ひとつの方法として、教育によってそれぞれの「個人」に共通する要素をつくりあげ、結合させていこうとすることが考えられる。日本の場合、学習指導要領に明記されている「日本人の育成」という点が、人々をつなげていく核の形成ということになっていくのだろう。後述するように、社会の多文化状況への対応が課題だとされている現在、共生ではなく排除の力が働きやすくなるのも、この点から説明できる。

そうならないためにも、国家との垂直的結合ではなく、自治的に結合していく共同体を基礎にして「個人」をとらえることが求められる。強制力の下でなければ秩序が形成できないというのではなく、支配関係を否定したうえでの秩序への信頼は、近代の自由競争的価値観に抗する倫理に支えられることになる。ここでの「個人」は、「これ以上分解できない個人」ではない。むしろ、いろいろな要素が入り込んでいる、現実に生きた「個人」である。[☆68] 多様な関係を内に含んだ個人は、さまざまな結合（出たり入ったり）を可能にしてくれる。このように考えれば、「個人」であることと「全体」であることとが分離することなく、相互に不可欠な存在として認識できる。これは、まさに生活の実践的省察からおのずと生まれてくる認識ではないだろうか。わたしたちは、固定的な実体をもつ者として生活しているのではない。さまざまな関係に支えられた、多様な生き方の複合体としての「個人」として生活しているのである。

## 「個人」の不安と自由

近代の「個人」は単純化されている。それは「確固たる自分」（必然性）があるはずだとの信仰を前提とする。しかし、実際には、その「自分」はきわめて不安定であり、不変なものではなく、むしろ偶然の存在と言ったほうがいい。これは、人々のうちに不安を引き起こす。したがって、自己肯定感を高めようとの教育実践が重要視されたりもする。自尊心の問題はすでにふれた通りである。

このような偶然的存在であることが、人々をいかに不安にするかは容易に想像できる。以下のパスカルの言葉は、この点を強烈に言いあらわしている。☆69

☆68 平野啓一郎は「分人」という概念で人々の結びつきのあり方を論じている。平野啓一郎『私とは何か――「個人」から「分人」へ――』講談社現代新書、2012年。

☆69 パスカル／前田陽一・由木康訳『パンセ』中公文庫、1973年、146頁。

私の一生の短い期間が（中略）私の知らない、そして私を知らない無限に広い空間のなかに沈められているのを考えめぐらすと、私があそこでなくてここにいることに恐れと驚きとを感じる。なぜなら、あそこでなくてここ、ある時でなくて現在の時に、なぜいなくてはならないのかという理由は全くないからである。だれが私をこの点に置いたのだろう。だれの命令とだれの処置とによって、この所とこの時とが私にあてがわれたのだろう。

「個人」の確立により、ようやく自分自身であることを取り戻し、誰に従属することもない解放された明るい世界が実現されるはずだったのだが、わたしたちは、かえって悩みや不安を抱え込むようになってしまった。そもそも「自分自身」という存在自体がひとつの発明品であったと思えば、それは「取り戻した」ものではないし、それが歴史的にどのような意味を持ってくるのかは、まだわからない。ただ、圧政によって虐げられていた「個人」が解放されたという単純な図式では、なかなかうまく説明できないだろうということは確かである。

わたしたちの「不安」は増すばかりであるが、つぎのボーヴォワールの指摘は、そこに「自由」がくっつき、積極的な生のあり方が導かれている。[☆70]

海には一滴の水さえ不足していません。彼の生れる前にも、人類は、きっかりこのとおりに充満していました。彼が死んでも、やっぱり充満していることでしょう。彼は人類を減少することも、増加することもできません。（中略）世界のいかなる一隅とて、彼のために用意してなかったような気がします。つまり、彼はどこへ行っても余計なんです。そして実際において、彼の場は、不在として、あらかじめ、穴を掘って定められてあったわけではないのです。つまり、最初に、彼は来たのです。不在は現存に先行しません。虚無に先行するのは存在なのです。そして、存在のただ中に、空虚と欠乏が出現するのは、ただ人間の自由性によってのみです。

「自由」についてイメージをめぐらせるとき、わたしたちは、何かに束縛されている状態は「自由」とは言えないのだから、そこからの解放が重要である、と考える。この発想が、良きものとしての「近代化」の姿であり、人権への着目もこれを基盤に考えるとわかりやすい。しかし、それだけでは「消極的であって真の自由とはいうことができない」と、西田幾多郎門下の山内得《やまうちとく》立《りゅう》は、かつて実存の思想を説明する著書の中で述べている。彼は、「あるものからの脱離ではなく、あるものへの形成でなくてはならぬ。それは文字通りにみづからに由るものであり、自ら作るところのものでなければならない」というように「自由」を位置づけた。[☆71] これらの点は、サル

---

☆70　シモーヌ・ド・ボーヴォワール／青柳瑞穂訳『人間について』新潮文庫、1955（改版1980）年、55頁。

☆71　山内得立『実存と人生の書』創藝社、1952年、54頁。ボーヴォワールの指摘と重なる形で、「かつて存在しなかったものがそこに存在するようになったとき自由があり得るのである」とも述べている（50頁）。

トルが実存主義を説明するときに、その第一原理として「人間はみずからつくるところのもの以外の何ものでもない」と述べたことそのものであり、ひとつの生のあり方として、わたしたちに「自由」であることの意味を問いかけている。☆72

人の生き方としての「自由」は、具体的には、「自ら作る」というよりも、いくつかの選択肢の中から自分の生き方を選ぶというイメージになりやすい。しかし、その「自由選択」は、現実社会から離れたものではあり得ない。どの選択肢も等価なものとして存在しているわけではない。選択肢が多様に見えるのは、務台理作《むたいりさく》の指摘するように、むしろ選択した後ではないだろうか。☆73ひとつの選択をし、その方向で物事が進行し、いろいろな経験をした後で振り返れば、「もっとこういう道もあったのではないか」と反省的思考が動き始める。その結果として、選択肢は多様になる、ということである。その多様な「選択肢」は、選択したときには存在していない。

これは、実は、どんな人も実感していることではないか。選ぶ際には、そのときの判断を支える社会関係の中にいるわけで、その選択行為は、常にそのような生活の具体の中でなされていくのだから、「自由」はある種の必然性を伴った制約の下で実践されるはずである。ここで確認したいのは、社会関係を離れて「個人」も「自由」も存立できないという点である。そして、もうひとつ重要な点は、反省的に顧みることで、現状を相対化し、人々のつながりのあり方を変化させていくことができるという点である。これらを教育実践論として活かしていくことができるのではないかと思う。教室の中で、それぞれの子どもたちの出会いによって、それまでの生活経験が相対化され、新たな関係が構築されていくわけである。この点は、アナキズムの観点から教育を見ていくときに重要となる。

## 分解されるアイデンティティ

近代化は、個人と権力機構との垂直的関係で国家のあり方を描く、かなり単純化した図式を提示した。国家が、単体としての個人の「足し算」であるなら、その構成要素である個人は同質な存在であったほうが「計算」は簡単になる。したがって、「同質」になるような働きかけが意識

☆72 サルトル／伊吹武彦他訳『実存主義とは何か』人文書院、1955年（増補新装版1996年）42頁。

☆73 「そこになお自由選択の可能性があるように思うのは、決定したあとからいくつかの可能肢をつくり出して反省的に比較するからである。選択においてわれわれが実践的であればあるほど、その選択は必然的なものにならざるをえない。」（務台理作『哲学十話』講談社学術文庫、1976年、135頁）務台がこれを述べたのは、「思想の型のどれを選ぶかは、われわれの実践性によって決定される」（134頁）という文脈においてであるが、その実践が現実の政治・社会構造にかかわるものであり、「現代の負わされた歴史的問題を自分自身に受けとめ、これに主体的なかかわりをもつこと」（137頁）である点を考えれば、わたしたちの日常的な生活感覚としてこれを具体的に展開させることもできるだろう。

的になされることになる。こうなると、「多文化状況」への対応も、どうしても排除の論理に流れやすくなる。今日、盛んに言われる多様性も、あくまで権力行使し得る側の想定内（同質性の範囲内）に収まっている必要があるからである。そこから「はみ出す」者は、人々の不安を掻き立ててしまい、排除されていくか、場合によっては生命さえ危険な状況に立たされる。このような思考の癖が、わたしたちの中に浸み込んでいるのではないか。すでに述べたように、確固たる、不変のものが「自分」の中にある、という発想が、「アイデンティティ」という言葉に込められているのではないか。しかし、このことが、人々をより一層苦しめることになる。

わたしたちは、常に同じ状態でいることはない。さまざまな関係の中で、形成され続け、変化している。アイデンティティは、そのような複雑な状態の全体を指していると理解しなければならない。つまり、アイデンティティをいくつかの要素（あるいは国籍や宗教等の所属先）に分解し、それらの総和として「自分」が構成されていると考えないほうがいい。要素に分解すれば、必ず自分が「分裂」する事態を招く。

そもそもアイデンティティという言葉は、それが揺らぐ状態になったときに使用されることが多い。たとえば、「国籍」、「宗教」、「性別」、「身体的特徴」といったことは、ふだん何事もなければ意識されることはない。おそらく多くの人は「わたしとは何者か」などと自らに問いかけながら日常を生きてはいないだろう。ところが、外国に移住することになったとか、ある国との間で戦闘状態になったとか、そこに宗教的要素が強く反映されていたりした場合などには、急に、自分を構成する要素の価値が揺らぎ始める。留学なども含め、比較的長期間にわたって外国に住んだ経験のある人たちが、「日本人」であることをさまざまな場面で自覚させられることが多かったと発言する場合も、その例であろう。つまり、「あなたは何者なのか」と問われる場面に遭遇し（あるいは、そのように感じ）、自分の内に自分を説明する要素を捜し始めるわけである。しかし、各要素が衝突し、一層混乱状態になってしまう。

また、強烈な性別役割分業の発想に基づく差別的発言にさらされたり、自らの容姿が他者から笑われたりすれば、やはり激しく動揺する。先に「何事もなければ」と書いたが、実際のところ、わたしたちが生きているこの社会は、常に「動揺」を強いられる人々を生み出している。「近代」は、このようにして個人を「不安」にさせていくのである。

要素の足し算として「自分」をとらえると、そのパーツがうまく組み合わされているうちはいいが、相互に矛盾が生じ始めると、「自分探し」へと追い込まれていく。移住や被差別体験などは、揺らぎや矛盾を生じさせる典型的な例ではあるが、実は、わたしたちは、生活しているだけで、いつもその要素の位置や価値を変えざるを得ない状況に追い込まれているはずなのである。社会情勢は、永遠に不変であるというわけではないのだから。このような現実感覚がある一方で、オリジナリティのある「個人」として確固たる本質をもつよう意識させられ、また、いろいろな要素の総和としての「自分」であろうとしている。こうして、わたしたちは、生活しているだけで一定の悩みを抱え込まざるを得なくなる。

ところが、わたしたちは、分解することで正しい理解にたどり着くと思い込んでいるため、そのように考える誘惑からなかなか解放されない[☆74]。ここから逃れるには、自分を構成しているとされる「要素」は相互に複雑に影響し合い、あるいはどろどろに溶け込んでいて、一体何が入っているのか抽出不可能であるといった全体性として「自分」の存在をとらえておく必要があるのではないか。

おそらく近代の科学的視点からすれば、それでは何もわからない、ということになるだろう。時間と空間を可能な限り細かく分けて観察していくことで、科学はさまざまな発見をしてきたのだから。しかし、少なくとも人間についてその手法を当てはめることで、何が発見でき、何が解決されたのか。もちろん、ある分析方法から見たときに、この人にはこのような特徴がある、といったことは言えるだろう。医療現場では、これによって一定の治療成果を出すことはできるかもしれない。しかし、そもそもその問題点や苦しみは、近代的な個人のとらえ方によって引き起こされたのではなかったか。

個人として分解されることで、いわゆる合理的で、整合性のある、予測可能な生活のイメージが可能となったのだが、では、それ以前の生き方は、もう不可能なのだろうか。

いま分解「以前」という表現をしたが、それはそのような歴史的時代がかつて存在していて、そこに戻るという主張をしたいためではない。わたしたちの認識作業過程において、分類の誘惑に抗って、いわば「がまんして」、非合理に見えるかもしれないけれど、全体としての個人の生き方そのものを壊さないように、生活の連続性を断ち切らないように描くことはできないだろうか、ということを言いたいのである。

本章で述べてきたことは、わたしたちが、どのような「人間観」をもつかということである。そして、なぜ「分解された個人」の危険性にこだわるかと言えば、それが学校教育において子どもにそのまま当てはめられていると考えられるからである。日々変化し続ける子どもたちに対して、近代的な「個人」でアプローチしようとすれば、必ず子どもたちを精神的に追い込んでいくことになる。これについては、次章以降で指摘していきたい。

☆74 アンドレ・ブルトン（仏、1896－1966）のつぎの言葉は、わたしたちへの警告として読み取りたい。「未知のものを既知のものに、分類可能のものにひきもどそうとする始末におえない狂癖が、頭脳をたぶらかしているのだ。分析欲が感情にうちかっているのだ。」（巖谷國士訳『シュルレアリスム宣言・溶ける魚』岩波文庫、1992年、17頁）。

# 第3章　学校の秩序形成作用

## 学校における子どもの「あり方」

わたしたちが「近代的個人」となって得たことの中には、人権思想などに基づく「自由」な生き方（あくまでも形式的ではあるが）という「良き側面」もあったものの、むしろ、課題のほうが大きかったのではないか。そのひとつは、圧倒的な経済的「格差」の出現だろう。自由な経済活動と所有の個人化は、そのような差の発生を正当化さえするのであるから。

それと並んで、「自分」をめぐる悩みを抱え込むことになった点も大きな課題と言える。その悩みは、「個人」が、他との関係を切られた自足する個体として想定されたことによっている。いったん共同体から切り離された個体は、支えを失ったことによる心理的不安に悩まされることになる。その状態からあらためてそれぞれにつながりをつくり出していくのは、なかなか大変な作業である。何らかのつながりの中でしか生きられないのが人間であるのだから、横の結びつきの形成は死活問題となる。今日の社会問題のいくつかは、非常に大づかみで言えば、このような状況の結果として理解できるかもしれない。

ところが、この「個人」の性質の中で、子どもには当てはめられていないことがひとつある。それは、自足した個体であるという「個人」のとらえ方にとってはもっとも重要な点、すなわち

「自由な権利行使」である。つまり、子どもは「未熟」でなくてはならないのだ。誰かに保護され、サポートを受けなければ生きていけない存在、それゆえに一定の権利行使は制限されても当然であるという存在。そこで、学校は、このような子どもたちを「個人」へと成長させなくてはならないのである。教育実践的には、これが完成した状態を「自立」と呼んでいる。

したがって、学校では、子どもは「個人」としては扱われず、「生徒」という「あり方」に変換される。そのことで、子どもたちははじめてその存在を認識される。ここでの「生徒」とは、まだ自立できず、指導されることが必要な存在ということである。学校への就学前と卒業後は、普通のひとりの人間なのであるが、学校にいる期間だけ「生徒」（小学校の場合には児童と呼ばれる）という「あり方」において把握される。しかし、今日では、学校に入る前の段階（幼児期）から、小学校に入ってから困らないようにと準備が始まる。すでに幼稚園教育の性質も、小学校への接続をかなり意識したものになっている。☆75

しかし、学校による教育の成果によって自立した「個人」になれば、それで解放されるのかと言えば、そうとも言い切れない。学校での関係のあり方が続くこともある。学校は、未熟な存在である子どもを成長させることによって、「個人」としての性質を完成させる役割を担っていな

☆75　２００７年の学校教育法の改正により、法的にも、幼稚園は小学校への準備段階としての位置づけとなった。

がら、そのときの指導的関係を終わらせることができない。卒業によって、せっかく対等な「個人」どうしになったはずなのに、いつまで経ってもいわゆる「師弟関係」や「先輩後輩関係」のようなものが続いてしまう。つまり、いったん学校に入ってしまうと（入ろうとすると）、生活のあり方自体が「生徒化・学校化」していく可能性があるということである。これは、「個人」のあり方と衝突していくことになる。

子どもは、いわば「不十分な個人」（この言い方自体がやや矛盾ではあるが）なのである。それゆえ、その「個人」を「生徒」へといったん変換して、そこに作用を及ぼすことにより「完成された個人」にしていくことが学校教育の責務だということになる。学校は、近代的な個人にしようと子どもたちに働きかける。それは、日常的に生活している具体的な人間のあり方に基づくものではない。むしろそのような具体性を校門のところで脱ぎ捨てさせ、「純粋」な存在となって教室に座らせようとする。[☆76] そして、子どもたちはそこであらためて「社会的な存在」になるための教育を受けることになる。しかし、子どもたちをわざわざ「生徒」に変換する必要があるのだろうか。

そこで、まずは、「生徒」という「あり方」が学校の中でどのように確認されていくのか、いくつかの場面から検討してみたい。それらは、教員との間の権力関係（支配する教員と支配される子どもという図式）の構築過程でもある。これは、第4章で、アナーキーな視点から学校のあり方を見直していくために必要な作業となる。

## 校則の見直し実践の危険性

学校は「秩序」を重視し、そのことを学習のための権利保障、環境整備ととらえている。近年、急速に注目されてきているのは「校則」である。その内容の理不尽さがインターネットなどでも話題となり、文部科学省も、学校に対して見直しを求める事態となっている。見直し方法のひとつとして、生徒自身に校則をつくらせる実践も盛んである。まず、これに着目してみたい。

生徒自身が「校則」をつくるという取り組みは、権利を尊重している教育のあり方として紹介されることがある。マスコミでも、良いこととして報道されている。しかし、この取り組みは、

☆76　フランスで、公教育機関からイスラームのスカーフが排除されたのも、この論法によっている。第2章でふれたように、フランス革命の理念は人々の存在を公と私に峻別し、相互に不可侵とする生活を前提としている。したがって、各人の宗教的所属は私的領域でのことであって、それを公的領域である共和国市民を育成する学校に持ち込むことは禁止される、というものである。この点の詳しい議論は、つぎを参照されたい。拙稿「揺らぐ『共和国』と市民形成―岐路に立つフランスの挑戦」、北村友人編『グローバル時代の市民形成』(岩波講座　教育　変革への展望7)、岩波書店、2016年、185－215頁。

生徒にあることが伝えられていないと、非常に危険なものとなる。

つまり、現状の校則が禁止事項の羅列であるという点を批判的に検討せずに、子どもたちに校則をつくるように促せば、どんな禁止事項が必要かを話し合うことになってしまう。子どもたちに自らの自由を束縛する方法を考えさせることになるわけである。しかも、結果として決められた校則は、「みんなで決めたのだから」という理由で絶対的に守るべきものだと意識させられていく。教員も、そのような態度で接するだろう。

また、つぎのような状況も生み出し得る。ある中学校の教員に聞いたことであるが、みんなで話し合って決めてもらったところ、これまでよりも厳しい内容になってしまったらしいのだ。このこと自体は、実は珍しいことではない。しかし、その教員は、「子どもたちが決めたので、こっちとしては口出しできないんですよ」と。疑ってはいけないと思いつつも、はじめからこうなること（厳しい禁止事項をつくるだろうということ）をわかっていて、権利主張の実践と称して、わざと自主制定させたのではないか。

みんなで決めれば何を決めてもよい、ということにはならない。これは、民主主義の手続きの基本である。たとえ多数決となっても、多数決で決めてはいけないものがある、という民主主義のポイントが忘れられている。もし、全員が納得したのだとすれば、その前提には、全員が自分の意見を完全に述べられる状況、誰の反応も気にすることなく自らの見解を開陳できるという状況がなくてはならない。それには相当の時間がかかる。

ただ、ここで問題にしたいのは、どのように決めたかではない。自主制定の前に、校則とは何かが正しく子どもたちに伝えられていたかどうかである。

本来、公的機関において定められている規則というのは、その公共物の利用規定であり、とくに学校の場合の校則は、教育への権利を保障するための規定である。したがって、服装や髪形はまったく関係がない。校則は、教育を受ける権利が確実に保障されるために必要な規則でなくてはならない。子どもたちの「権利」を書くのが校則なのである。

たとえば、1時間目は何時から始まるのか、休み時間はどのように設定されているのかといった時間についての取り決め、図書館はどのように利用できるのか、心身の安全を確保するために保健室はどのように利用できるのか。もちろん、暴力が禁止されることは大前提となる。その他、挙げていけばきりがないが、要するに、学校という場で、いかに安心・安全に学習を遂行していけるか、そのために障害となっているものが学校の中にないかどうか、それをチェックし、子どもたちの権利を守っていくのが校則の役割である。したがって、このような校則の性質を理解したうえでなら、子どもたち自身が校則を制定していくというのは、きわめて重要な実践ということになる。自らの権利行使を確実なものにしていくためには何が必要かを考えていくことになるのだから。もちろん、これまでのような「禁止事項」が必要な場合もある。先に挙げた「暴力の禁止」は最も大切である。子どもどうしの暴力も、教員の暴力も禁止である。その他、たとえば視力が悪い場合には、前列の席に着席できるとか、見やすいプリントの配布を要求できる、といったことも書かれることになるだろう。少なくとも、髪の毛が耳にかかると、あるいは靴下の色が黒か紺でないと、急に学習に支障が出るといったことにはならないのだから、それらの禁止事項は的外れとなる。

校則は「生徒心得」とは異なる。今日、世間で問題となっているのは、この「生徒心得」のことである。多くの人はこれを勘違いして「校則」と呼んでいる。この学校の生徒である限りは、このような生徒であってほしいという学校側（校長や教員）からの願いを書いたものが「生徒心得」である。それが憲法よりも上位の規定であるはずはないのだから、基本的人権を侵害する内容であってはならない。「願い」だからといって、何を書いてもいいということにはならない。あくまでも公的機関が、権利行使の対象者に向けて書いているのだから。

いずれにしても、子どもたちは、その規定（校則も生徒心得も）が自分たちの人権を侵害するものとなっていないかどうか、教育への権利を侵害していないかどうか、子どもの権利条約で確認されているように、意見を述べる権利をもっている。この点に着目した実践であれば、校則の自主制定には意義がある。これまでの校則は、学校と個々の生徒との間の垂直的支配関係を具体化したものであり、その権力関係が正当化されていた。「生徒」は「未熟」であり、「従う」ものだからである。しかし、「権利」という考え方を入れることで、子どもたち自身が、自分の生活圏である学校の時間・空間をどうつくっていくかが課題となってくる。これを支えていくのがアナキズム的発想なのである。この点の具体的な実践については、第4章で考えてみたい。

## 出席停止という秩序回復

学校が支配関係に基づく「秩序」を重んじていることをよくあらわす例をもうひとつ挙げておきたい。それは、「出席停止」という法的措置であり、学校教育法第35条の規定に基づいている（通常は、条文の第1項には「1」と記載しないが、わかりやすくするために記載した）。

1　市町村の教育委員会は、次に掲げる行為の一又は二以上を繰り返し行う等性行不良であつて他の児童の教育に妨げがあると認める児童があるときは、その保護者に対して、児童の出席停止を命ずることができる。

一　他の児童に傷害、心身の苦痛又は財産上の損失を与える行為

二　職員に傷害又は心身の苦痛を与える行為

三　施設又は設備を損壊する行為

四　授業その他の教育活動の実施を妨げる行為

2　市町村の教育委員会は、前項の規定により出席停止を命ずる場合には、あらかじめ保護者の意見を聴取するとともに、理由及び期間を記載した文書を交付しなければならない。

3　前項に規定するもののほか、出席停止の命令の手続に関し必要な事項は、教育委員会規則で定めるものとする。

4　市町村の教育委員会は、出席停止の命令に係る児童の出席停止の期間における学習に対する支援その他の教育上必要な措置を講ずるものとする。

自己責任や秩序が重視されている今日の社会状況にあって、この条文はどのように読まれるだろうか。おそらく「当然の措置」として受け止められていくのではないか。この措置自体がどれほど知られているかは不明だが、もし、広く知られていけば、もっと適用すべきだとの声も上がってきそうである。

2001年に文部科学省は、「出席停止」についてつぎのように説明している。[☆77]

まず、学校は、児童生徒が安心して学ぶことができる場でなければならず、その生命と心身の安全を確保することが学校や教育委員会に課せられた基本的な責務だというとらえ方が基盤となっている。そのうえで、学校において問題行動を繰り返す児童生徒があれば、保護者に対して、その子どもを学校に出席させないように命じることができる、と。しかし、学校が教育への権利保障の重要な場だということを考えれば、このような措置が法定されていること自体に違和感をもたざるを得ない。

もちろん、文科省もその点はわかっている。だからこそ、「一人一人の児童生徒の状況に応じたきめ細かい指導の徹底」を図ったうえで、かつ、「学校が最大限の努力をもって指導を行ったにもかかわらず」という前置きが必要になるのである。また、「出席停止制度は、本人の懲戒という観点からではなく、学校の秩序を維持し、他の児童生徒の義務教育を受ける権利を保障するという観点」から設けられているのだとも説明している。「懲戒」ではなく、あくまでも「秩序維持」の方法なのだということで世間の理解が得られると思っているわけだが、そのこと自体に問題を感じる。

実際に、教育委員会が出席停止を命ずる際には、保護者の意見を聞き、その理由や出席停止の期間を記載した文書を交付することになっている。そのうえで、出席停止期間中の子どもの学習権を守るために、学習支援の措置を講じる、と。このような条件を満たしたうえで、かつ、子どもも本人への懲戒はできないという点で、「出席停止」は「停学」とは違うということになる。☆78 そ

☆77 「出席停止制度の適切な運用について」https://www.mext.go.jp/a_menu/shotou/seitoshidou/04121505/002.htm（最終閲覧日：2023年1月15日）

☆78 実は、2001年にこの条文が改正されるまでは、このような細かい条件などは書かれておらず、性行不良な子どもの保護者に出席停止を命じることができる、という単純な規定になっていた。現状でさえ、権利侵害につながる恐ろしい条文であるのに、以前はもっとひどかったということである。

もそも、義務教育段階では、教育への権利保障という観点から「停学」は適用できない。しかし、学校の秩序維持という観点から、どうしても特定の子どもをいったん学校から引き離すということが適当だと判断されれば、学習の権利を保障するという条件で、「停学」と同じ効果をもつ「出席停止」という手段がとられる、ということなのである。

とはいっても、多くの人は「これって結局は停学処分でしょ?!」という印象をもつだろう。義務教育の制度的目的からしても、違和感のある制度である。少なくとも、安易な適用は避けねばならない。ところが、「問題行動を起こす児童生徒に対する指導について」という文科省からの「通知」を見ると、「出席停止制度の活用について」と書かれており、「いじめ」も出席停止命令の対象になるとされている。いじめ防止対策推進法の第26条も、「出席停止制度の適切な運用等」となっており、その適用を想定している。

しかし、「いじめ」というのは、「いじめる側・いじめられる側」というような単純な対立図式で把握できるものばかりではないことは、すでに多くの研究が明らかにしている。たとえば、昨日までいじめる側だった子どもが、今日はいじめられている、ということも起こっているという。もしたがって、問題が起こるたびに「出席停止」を適用していたのでは、学級は大混乱となる。もちろん、被害者の安全等が最優先であることは言うまでもないが、子どもたちの現実的な人間関係などをよく見極めておかないと、間違った判断をしてしまう。

このように、子どもどうしの関係のあり方ではなく、単純な加害と被害の観点からのみで対応しようとしている点を見ても、学校が子どもを「集団」の中でいろいろな関係を形成しながら活動している、というようにはとらえていないことがわかる。

本来、権利保障である限り、子どもを学習環境から引き離すような措置はしないという義務教育制度の基本方針が、恐ろしいことに、こうして、法律や通知等によって少しずつ「緩和」されてきている。しかも、これを支持する世間の雰囲気もある。実際に、学習環境を妨害する行動はあるのだから、それに対しては毅然とした態度で臨むべきだ、との声がある。「出て行け」と言わんばかりのこのような対応は、子どもに対して学校から「見捨てられた」という傷を負わせることになるだろう。

少し想像してみてほしい。たとえば、家庭環境に難しい課題を抱え、貧困という条件も重なり、いろいろなストレスにさらされ、集中できない子ども、暴れたくなってしまう子ども、なかなか心を開くことができず、安心して自分の悩みを話せる大人がまわりにいない子ども。しかし、出席停止になって家にいなくてはならなくなった子ども。おそらく、これらの子どもたちが受ける心の傷はかなり深い。

学校から「排除」するのではなく、教員は、しっかりとその子どもの行動の背景に向き合うべきであり、実際に、多くの教員はそのように対応している。これが可能なのは、子どもたちは単独の存在ではなく、学級、家庭、地域といった集団の中で生活しているというとらえ方が基本にあるからである。しかし、現在の学校環境では、とくに教員の多忙化の状況もあり、丁寧に子どもの話を聞いている時間的・精神的余裕が失われつつある。その結果として、教員による子どものとらえ方が、非常に単純化してきているのではないか。いじめの例に見られるように、それがいかに複雑な関係の中から出てくるものであるかが考慮されず、その場での出来事を、善と悪との単純な二項対立でとらえ、法律によって秩序を回復しようとしている。

わたしたちがアナキズム的思考から学んだことは、権力関係によらない秩序の形成であった。それをいったん国家のような権力機構（命令を下し、その判断に従わせる強制力をもつもの）に委ねてしまうと、生活の基盤である横のつながりが切られ、結局、安心して生きていけない状況（精神的なものも含めて）になっていく。いま、学校はそのような状況になっている。学級の中で起こる出来事に、いかにしてアナーキーな視点を入れていくか。それによって、おそらく子どもたちは、自分たちの論理で、しかも「秩序」を維持しながら安心して動けるようになるのではないか。その検討に入る前に、もう少し、学校での日常的な権力関係について確認しておくことにする。

## 教室の中での権力関係の形成

権力関係は、教員による子どもの支配という形で教室の中にあらわれるのだが、それがほとんど自覚されないままに進行することがある。子どもの自主性を育てるというねらいをもっていながら、実際には、子どもを教員の支配下に置いてしまうことがありうる。その例を見てみたい。

それは、子どもたちが自分の調べたことを発表する授業で、教員のとる態度にあらわれることがある。子どもの発言を促す目的で、うなずきながら聞くというのは、ごく一般的な教員のしぐさである。教員が、これをどれほど自覚的に行っているかどうかはわからないが、教員がうなずいてくれれば、確かに子どもは安心して話すことができる。しかし、これが危険なことになりうるのである。

教員がうなずけば、子どもは安心するし、うれしい。では、なぜ、教員がうなずくと安心するのか。それは、教員は子どもたちから見れば「評価者（＝権力者）」だからである。つまり、これを自覚しているかどうかは別として、どんなに丁寧に話したとしても、教員の発言や態度は原理的には「命令的」にならざるを得ないのである。このような特徴をもつ時間・空間では、教員のうなずきが続いていくと、そのうち子どもたちは教員がうなずくようなことしか言わなくなっていく。そして教員の反応が気になり始める。要するに、他者（とくに権力者）の顔色をうかがいながら話すようになっていく。子どもたちからどんどん自信が失われていく。本来は、他者がどう反応しようが、自分の意見を発言できなくてはならない。そのような環境をつくることが教員の責任であるはずなのだが、良かれと思ってやったことが、むしろ権力関係の構築を進めてしまうわけである。

もちろん、本来的には、子どもそれぞれの個性を見ながら授業は進行していくものなので、場合によっては、積極的にうなずいたほうがいい場面もありうるだろう。ケース・バイ・ケースではあるのだが、少なくとも、教員はそのことに自覚的でなくてはならないだろう。

つぎに、「いいところ探し」の功罪も確認しておきたい。

とくに多様性の尊重といったねらいで、子どもたちがお互いの「いいところ」を指摘し合う実践が、人権教育の一環として取り組まれることもある。ひとついいところを見つけたら、壁に貼られた木の絵に折り紙でつくった花を貼ったり、大きな瓶の中にビー玉を入れたりする実践もある。「みんなのいいところが集まって、こんなにたくさんの花が咲いたね」とか、「みんなのいいところできらきら輝いているね」などと言ったりする。

しかし、この「いいところ探し」を恒常的にやっていくと、最終的には、相互監視システムを構築していってしまう。「いいところ」を探すことは、「悪い」ところを探していることと原理的には同じである。子どもたちは常に他者から「いい・悪い」を判断する「まなざし」を向けられ、その行動をチェックされ続けていくことになる。そして、その結果を、帰りの会などでみんなの前で報告されてしまうわけである。自分ではいいと思っていたとしても、他者がそう思ってくれなければ、「いいところ」として報告されることはない。だから意識的に「いいところ」をアピールすることになる。いかにも他者から「いい」と思われそうなことを想像しながら日々の学校生活を送ることになる。こんなに「いいこと」をしているのになかなか報告されなければ、そのうち相互不信さえ招きかねない。「〇〇さんは、トイレのスリッパをそろえていてよかったと思います」という子どもの発言を聞いたことがある。聞いていてゾッとした。トイレに入ってまで、誰かから見られ、評価される、という不安。そして、それをみんなの前で報告されてしまう恐怖。落ち着いてトイレにも入っていられない。

なお、「いいところ」はそのうち必ずインフレを起こす。したがって、なるべく細かいところまで行動をチェックしていかないと、「いいところ」として報告することがなくなってしまう。報告することがなかなか見つからないと、子どもたちは独自に工夫をし始める。たとえば、「ちょっと鉛筆落としてくれる」と隣の席の子に頼み、それを拾ってあげたという事実をつくり、「〇〇さんは、△△さんの落とした鉛筆を拾ってあげて、とてもやさしいと思いました」などという報告事項を成立させるわけである。これは実際にあった話で、きっと似たようなことはいろんな学校で起こっているのではないか。

また、この実践が「自己肯定感」を高めるものとして取り組まれていることにも注意しておかなくてはならない。もしそれが、他者から良い評価を得ることで、自分に自信がもてるようになるということなのだとすれば、そのような心理状態は、自分は自分でいいのだという自己肯定の感覚とはかなり距離があると言えるだろう。前章でもふれたように、「自己有用感」という言葉が使われることもあることを考えれば、なおさら問題は深刻である。他者から一定の評価を得なければ自分の存在が保てないような状態は、むしろ「自己肯定感」が低いと言えるのではないか。

このように、学校は、子どもたちを「評価」にさらし続けることで、どんどん自信を失わせていく。他者に合わせていくことでしか、自分を保てないようにしていく。教員の「うなずき」と子どもどうしの行動チェック。こうして、近代的個人がもっている「不安」は増強されていく。

第1章で、わたしたちは監視カメラなどによって「見つめられること」に慣れているのではないかと指摘した。それが、一定の評価を下すための「まなざし」であることも確認した。「いいところ探し」は、まさにそのようなわたしたちの現状を学校教育の中で具体化したものである。しかも、他者から「いいところ」を指摘されることによって、安心するわけである。他者からプラスの評価を得られるように行動しようとする息苦しさは不問に付される。

いや、そうではないのかもしれない。息苦しいとは感じていない可能性のほうが高いのかもしれない。むしろ、「見てほしい」と望んでいるのではないか。いまの子どもたちは、常に、一定の秩序から「はみ出す」ことを恐れているために、他者からの評価的「まなざし」を自分の中に取り込むことで、自分が許容される範囲にいるかどうかを確認しているのかもしれない。もちろん、そのような心理状態が、自分の自由を奪っているとは自覚していないだろうが。☆79

## 「集団行動」の勘違い

学校生活の日常において、秩序を乱すこと、「はみ出すこと」をいさめる典型として「集団行動」という抑圧的用語がある。具体的な場面を思い起こすとわかりやすい。たとえば、修学旅行での「集団行動」である。みんなに迷惑をかけないように、テキパキと行動しなくてはならない。時間にはとくに厳しく、寝坊しないように、忘れ物もしないように注意しなくてはならない。旅行に出かける前の数日間は、朝、自分一人でちゃんと起きられるかどうか、生活リズムを整えておくようにとも言われる。

ここで言われている「集団行動」のメッセージは、グズグズしているとみんなに置いて行かれ

---

☆79 2020年から始まった新型コロナウイルス感染症対策として普及したマスクの常時着用をめぐり、「マスク警察」などと呼ばれる現象が出現した。本物の警察なのではなく、一般市民が、マスクを着用していない人を見つけては排除的態度をとったりすることを指し、時には暴力事件にまで発展した。感染拡大防止の観点から不要不急の外出の自粛が要請されたときには、同じように「自粛警察」が自然発生した。学校での相互監視によって培われたメンタリティの結果のように思える。

るぞ、あるいは、みんなで同時に動くのだから、ひとりがそれを乱すことで全体の行動計画に支障をきたすことになり、みんなに大変な迷惑をかけることになるぞ、という脅しだろう。軍隊のそれに近い。しかし、せっかく集団で行動しているのだから、そのメリットを活かさないなんてもったいない。

寝坊せず起きようとはしていても、寝過ごしてしまうこともあるだろう。でも、ひとりで行動しているのではなく、集団で寝泊まりしているのだから、朝、なかなか起きなければ、誰かが絶対に起こしてくれる。これは、道徳的な問題ではなく、そうしなければ、楽しみにしているところに行く時間が遅れてしまうのだから。また、忘れ物をしたくてする子どもはいないのだが、それでも、忘れてしまう場合もある。しかし集団でいるのだから、絶対に誰かが余分にもってきている。貸してもらえばよいだけである。つまり、集団で行動しているからこそ、安心して過ごせるわけである。これがみんなと一緒にいることの特徴である。このような相互扶助が自然に成り立つ関係が日頃からつくられていれば、何の問題もない。もし、自分ひとりなのであれば、列車の時間に遅れないようにと緊張するはずである。ところが、学校では、子どもたちは、この緊張感を集団で行動していながらも常に感じていなければならない。

学校は、日頃のさまざまな活動を通して、「寝坊した子」を放置するようにとのメッセージを子どもたちに伝えている。「世の中に出たら、誰も助けてくれないぞ」などと、子どもたちは常に脅されている。つまり、助けてはならない、ということを伝えているのである。いわば、「情けは人の為ならず」の誤用で、安易に助けたのでは、競争社会の中で生きていく力が身に付かなくなるから厳しく対応しなくてはならない、と。だから、学校こそ助けてくれないのである。しかし、実際には「世の中」のほうが、よほど助けてくれる。この点はすでに序章でふれ、それがアナキズムの基本であることも述べた。

人が集団を形成して暮らすことの意味をあらためて考えておく必要がありそうである。学校の発想の中には、第1章でみたダーウィンの「淘汰」の発想への誤解がある。自分ひとりの能力で何でもこなせるようになっておかないと生き残れないという「闘争」の不可避性は、錯覚である。そうではなく、むしろ、他者と関係をつくりながら、相互依存しながらいかに全体として安全を確保していくかが問われているのである。そして、それはごく自然に成し遂げられるような性質のものであって、それをことさらに拒むのが、学校という時空間なのである。

学校が、みんなが同じことをできるようにするという意味での「集団行動」を目指しているのであれば、その思考から解放される必要がある。そもそも同じことをするのなら、集団で（生活して）いる意味はない。それぞれが異なる（特徴や能力をもつ）ことを大前提として、共に生きていくのが人間のあり方であり、そのためにはお互いに補い合う必要がある。集団行動とは、助け合うことである。学校は、「多様性の尊重」を掲げるのが大好きではなかったのか。

なお、学校での集団の特徴について、もう一言ふれておきたい。これは、一般的にはあまり疑問には思われていないのだが、学校での集団は、基本的には同じ年齢で構成されているという点である。これは、相互扶助という観点から言えば、望ましくはない。学習活動の基盤としての「学年」と子どもたちの「年齢」とが原則として一致しているのである。学年が違うということは、子どもの年齢が違うということとイコールである。しかし、なぜ、年齢が同じだというだけで、同じ内容を学ぶことになるのか。集団は、なるべく多様な人々から成っていたほうが、いろいろなことに柔軟に対応できる。教員が好きな「世の中に出たら…」というフレーズを前提とするなら、世の中では、同一年齢で形成されている集団のほうが珍しい。学校においても異年齢集団の形成がもっと工夫されてよい。そして、実はこのような集団づくりを積極的に実践している学校（とくに小学校）は多いのである。「学級」は、学習集団であり、同時に生活集団でもある、と教育学の領域ではよく言われてきた。もし、このような性格づけに従うなら、少なくとも「生活集団」の形成は、異年齢で構成されていたほうがいいだろう。学習面に関しては、学習指導要領が学年で（複式学級も意識しつつ）内容を区切っているので、それに従うことになっていくのだが、それは学習内容の配列・順番の明示であって、同じ年齢の子どもたちが同じ内容を同じ時期に学ばねばならないとしているわけではない。もちろん、実質的には、学年と年齢とが一致してくる傾向にはなるだろうが、それは結果としての話であって、はじめからそれに縛られている必要もないだろう。☆80

実際、高校での選択科目では、学年の枠に縛られず履修可能としている学校も多い。大学では、そもそも学生間の年齢の幅も大きく（いわゆる社会人学生もいるのだからなおさら）、同じ講義をいろいろな人が受講しているのが当たり前である。義務教育段階にある学校でも、発想としては、このような形態を基盤にできないだろうか。いまのままでは、ある年齢のある時期に指定されている内容を学ばなければ、もうそれを学ぶ機会は訪れない。学校から示される「計画」はとても厳しい。子どもの学習ペースは無視され、学校のペースに合わせるしかない。みんな追いつくのに必死にならざるを得ない。このような厳密な計画性が崩れない限り、塾産業はますます繁栄していくだろう。☆81

---

☆80 そもそも学校での子どもたちの生活場面を「生活」集団と「学習」集団とに分けること自体に無理がある。学習は必ず生活の中で成り立つのであり、生活していく中で何かが学習されていく。ただ、学校は、このような学習観で成り立っていない。これを一致させるのもアナキズムの視点であろう。

☆81 ただし、ここでの主張には危険も伴う。なぜなら、現状の教育のあり方が変わらない限り、この主張は、習熟度別のクラス編成や飛び級・落第を取り入れ、また特別支援学校・学級が不可欠だとする排他的で差別的な能力主義の主張にすり替えられてしまうからである。学校が、生活を基盤とした学びの場所に変化していけば、その心配はかなり払拭されるはずである。むしろ塾の側から、「生活」に着目した教育のあり方が提案される場合もある。

## 学校の「規則性」

ここまでで、学校が秩序を重視し、全体としてのまとまりを確実にしたいために、無自覚的なものも含めて、いろいろな手段を講じていることが見えてきた。このような「秩序」は、「計画性」や「規則性」と言い換えてもいいだろう。この点に着目して、もう少し、学校という時空間の特徴を確認してみたい。わかりやすく、まず大学の例を挙げて考えてみる。

現在、多くの大学では、4月の授業が始まる前に、新入生へのガイダンスのひとつとして「就職」に関する「啓発」プログラムが組まれている。まだ大学の学修を始める前からなぜ卒業後のことを話すのかと言えば、いわば「出口」をしっかりと意識したうえで、その目標から「逆算」して学生生活を設計することが重要だと思われているからである。ここで、単純につぎのような疑問がわく（ただし、だからといって、このようなガイダンス計画を否定しようとしているのではないことは断っておきたい）。

まずひとつは、もし将来についてじっくりと考えた結果、自分の目標を達成するにはこの大学では不十分だとわかったときにどうするのか、という問題がある。すでに入学金等は納めてしまっているが、場合によっては、次年度に向けてもう一度受験モードに戻ることになるかもしれない。ガイダンスをした大学側は、これについては何とも口出しはできないだろう。

また、大学での授業で刺激を受け、当初の目標を設定し直すということも起こるだろう。この場合、最初の目標を達成するような形で履修計画を組んでしまっているので、途中から変えるのはそう簡単ではない。もし変更が簡単なのだとすれば、その程度の目標だったのだという意地悪な言い方がなされるかもしれない。

さらには、将来の就職（もちろん、雇用されて働くということばかりではないが）を考えることと、大学での学修がなぜ関係すると思ったのか、この点も問うておきたい。学部のカリキュラムの内容とその職業がかなり強い結びつきをしているのならわかりやすいのだが、そうではない場合、結局は、就職試験対策の域を出ない計画にしかならないのではないか。教養を広げることで、ものの見方が多様となり、そのこと自体が生活を豊かにするといったことはよく言われ、その通りだと感じるが、そのような経験が就職の面接試験の際にも重要になってくる、と言われた瞬間に、自分の学修が愚弄された気持ちにならないだろうか。

そして、これがもっとも着目したいところなのだが、最初から一定の目標の下に理詰めで学修計画を立てて過ごす学生生活には、「意外なこと」は起こらないという点である。ほぼ想定内の日々が続くのだから、きっと「つまらないだろうなぁ」と、これは個人の感想になるが。

このような計画性は、小学校から高校までも同様である。ただ、違いは、その「計画」を学ぶ側ではなく学校（教員）の側が設定しているという点である。一定の目標を掲げ、そこから「逆算」して教育の過程をイメージして授業がつくられていく。ここでは、常に「準備」という発想で教育が意義づけられていくことになる。学校（すべての学校段階）で学ぶとは、このようなイメージである。

学校が「時間」にこだわるのも、その計画にブレが生じないようにするためである。規則的に、反復的に物事が進行していくことが大事なのである。学校では、子どもたちは「自分の時間」を過ごすことはできない。時間に縛られず、自由に動くと叱られる。厳しく指導される。自由にしていると、「落ち着かない」、「多動である」、きっと何かの「障害」に違いないと言われ、学級から排除されていく。おとなしすぎてもいけない。休み時間には、「元気に外で」遊ばなくてはならない。じっとしていたいときもある。まったく余計なお世話なのだが、動かなすぎても、排除のルートに乗せられていく。

「規則性」は、予測可能性ということでもあり、このこと自体は、わたしたちの日常生活を安定したものにしてくれる、いわば「常識」と呼ばれているものの特徴である。だからこそ、常に維持されている必要がある。これまで述べてきたように校則をはじめとしたいくつかの秩序維持策は、「常識」の確認作業ということになる。

したがって、学校は、この「常識」に真っ向から対立するような価値が入り込むことには敏感である。ただ、少々のブレは「多様性」として処理していける。なぜなら、振動は復元力を前提として起こるものだからである。基本線さえ動かなければ許容される。しかし、振動も大きくなりすぎると、弾け飛んで戻ってこない。そうなると、まったくの別世界が出現し、価値体系が二重に存在していくことになる。まさに予測不可能な事態となり、規則も計画も準備も成り立たない。これでは組織としても「不安定」となり、人々に心理的「不安」を感じさせることになる。

しかし、不安に思っているのは、おそらく教員の側であろう。子どもにとっては、もともと自分がかかわることなく決められた「計画」（そしてそれを達成するための組織）の中での学びを強要されていたのだから、そのことによる精神的なストレスのほうが大きいはずである。小学校に入ったばかりのある子どものつぎのような疑問は、みごとに学校の問題点（あるいは欠点）を突いている。「どうして、学校は時間のことばっかり言うの？」「どうして勉強ばっかりするの？」。これは学校の「常識」なのであるが、新規メンバーには、すぐには伝わらない。先に見た「出席停止」という法的措置は、この「常識」に挑戦した者（自覚的ではないとしても）を、秩序を維持するために排除していくものであった。[☆82]

---

☆82　学校の常識への挑戦という点に着目すれば、いわゆる「不登校（登校拒否）」もその典型例だと言える。「不登校」という表現自体が、「登校」を大前提としたうえでの問題把握であることを示している。したがって、かつての表現である「登校拒否」のほうが、学校の問題をえぐり出すうえでは適切であり、また、子どもの思いにも迫れるだろう。

## 友達関係の強要

学校では、その「常識」を安定させるためにいろいろな策が講じられているのだが、子どもどうしの人間関係をめぐる教員からの何気ない一言にも、それはあらわれている。いったい学校は、どのような人間関係を子どもたちに求めているのか。

簡単に言えば、教員がよく使うフレーズである「お友達」関係である。たとえば、喧嘩をしている子どもに対して仲直りをさせようとして、「ふたりともお友達でしょっ！」と言ったりする。あるいは、転校生が来たときの決まり文句、「みんな仲良くしてあげてね」。こんなことを言うから、関係が気まずくなってしまうのだ。そんなことを言わずに、子どもたちどうしの関係に任せておけば、自然と仲良くなったり、ならなかったりする。別に全員と仲良くする必要もない。学級の全員が友達だなどということは稀ではないか。「みんな友達です」と答えておけば、たぶん多くの大人たちが安心し喜ぶだろうからそう言っているだけであって、実際に、全員と同じ程度に仲良しかといえば、そのような子どもはいないだろう。数人となら、一生涯の友として関係が続く場合はあるが、1学級40人、しかも学級が複数存在していれば、クラス替えがあり、それが小学校、中学校、高校と繰り返される。その全員と友達関係を維持し続けるなどということが可能だろうか。実際にはそんなことにはならない。仲良くするかどうか、友達関係になるかどうかは、子どもたち次第である。

なぜ、学校は、友達関係を強要するのか。本当に息が詰まる。好きな人も嫌いな人もいる、これが人として当たり前。ただ、どんなに嫌いでも、共に生活する者どうしとして、相互に尊重し合って、生活の基盤としての社会関係を維持していくことが必要である。それは、好き嫌いとはまったく関係がない。おそらく子どもたちは、時間はかかるかもしれないが、自分たちの相互行為の中からお互いに困らないような関係性をつくりあげていくだろう。しかし、そうしてできあがる関係は、学校が求めている「常識」の論理とは異なる関係性の中から生じるものであるために、なかなか許容されないかもしれない。

このような子どもたち自身による関係構築に懐疑的な人は多いだろう。その背景には、子どもはまだ「社会性」が育っていない、自分の「意見」を形成する力が育っていないなどといった思い込みがあるに違いない。しかし、自分が子どもだった頃を思い出してみてほしい。けっしてそのような「未熟」な存在ではなかったことがわかるはずである。確かに、大人からみれば不十分に感じられるかもしれないが、子ども自身は、何も欠けるところのない十分な認識と意見をもって生活している。かなり複雑にいろいろなことを考えているし、人間関係に悩んだりもしている。それを乗り越えて、どうやって過ごしていくかも真剣に考えている。

加えて言えば、先に学年が「同一年齢」で構成されていることにふれたが、そのことと「友達」関係が重なると、友達と呼べるような相手は同じ年齢であることが基本である、という意識を子どもたちに植えつけることになる。年齢の違う者どうしが「友達」になること自体に違和感を覚えるようになる。みんな年齢を気にしすぎていないだろうか。学校が、気がつかないうちに伝えてしまうものの見方のひとつとして、この問題も指摘しておきたい。

## 学校が求めるはみ出しのない「多様性」

どうやら学校は、常に安定的で、計画的に物事が進行していくことを第一に考えているようだ。公的機関としては当然である、との反論はあり得る。しかし、何のための公的機関なのかを考えなくてはならない。それは、子どもたちの学びへの権利を保障するためである。とするならば、子どもたちが学校で安心して過ごせない、学べないのであれば、それは公的な機能を果たしていないことになる。すでにみてきたように、学校はけっして安心できる場所でないことは明らかである。

校則による行動規制や出席停止という相当に強制力のあるものから、教員からほめられたり注意されたりといったきわめて日常的な経験に至るまで、これまで確認してきた秩序維持の方法は、いわば子どもたちへの外側からの働きかけであった。しかし、それはいつの間にか、子どもたちの内面を変えていってしまう。予測可能であること、規則的であること、それらがまとめて「常識」と表現されていくことで、そこから外れていくことは道徳的に問題がある、とみなされるようになっていく。秩序維持は道徳的責務となっていくのである。☆83

「道徳的」であることをすべての人が納得するように説明していくことは、なかなか難しい。むしろ、説明を必要としない点に「道徳」の特徴があるとも言える。しかし、「道徳」は「価値」の問題であり、どう生きるかという問題であるのだから、本来ならば「多様」でなければならない。一方で、その「多様性」は、みんなが了解していることを前提としている。おそらく、多様な生き方を保障していくためには一定の道徳的了解事項が必要だ、ということなのだろう。その道徳が、具体的な社会生活の中から自然と立ち上がってきたものであれば、そして、それゆえに常に修正されていくものであればよいのだが、学校ではそのような環境を欠いている。学校では、最初から一定の計画性の下に活動が組織されており、それが順調に遂行されるために規則性を守っていくことが秩序維持とされている。したがって、子どもたちが学校でいくら「生活」していようとも、その道徳形成プロセスに立ち戻って、自らの価値や生き方に向き合い、新たな道徳を

☆83 この点の問題は、H・L・A・ハート／長谷部恭男訳『法の概念』（ちくま学芸文庫、2014年）などでの議論をもとに、法と道徳の関係として分析される必要がある。

創造していくことにはならない。つまり、その「道徳」は動かない。このような「道徳」の名の下に、かなり強い権力関係が隠されているのだが、そのことに気づくのは難しい。道徳的であろうとすることは、それ自体は、一般的には悪いことではないのだから。しかし、学校においては、そうすることでますます自ら権力関係の中に入り込み、自らの活動の意味が問えなくなってしまう。「はみ出す」ことへの恐怖が植えつけられていく。「常識」に反したときの制裁のほうが強く意識されることになっていく。

なお、「道徳的」であるということは、「多数」であることと重なっていくことにも注意が必要である。先に「集団行動」のところで指摘したように、いまは、みんなが同じように行動することが「秩序」だと理解されている。そして、それが常識であり、道徳性として理解されていくとすれば、「多数の暴力」ということになっていく。ここからファシズムへの道をイメージすることはたやすい。

その一方で、現在の教育政策は「多様性」というタームで、いろいろな改革を打ち出している。子どもたちの個性を大事にするといったことを否定するような教育目標を掲げている学校はないだろう。決まりきったお題目のように「輝く個性」などのフレーズが登場する。

しかし、すでに明らかなように、その「個性」は、秩序が維持される範囲内での個性である。学校側が子どもたちを都合のいいように分類し、それらに対して「個性」という用語を貼り付けているだけである。その枠に収まらなければ、排除の対象となるような（排除が正当化されるような）レッテルが貼られる。たとえば、「授業を妨害する」とか、「障害を抱えている」などと言って。[☆84]ひとりの人間をどのような個性の持ち主とみなすかは、学校次第である。近代的「個人」を形成しようとする学校では、子どもたちに対して確固たる本質規定が行われる。それが、権力的で恣意的な分類の結果であることは隠蔽され、まるで最初から存在している個人の特性のことだと思わされてしまう。そのうえで、多様性の尊重が語られているとすれば、それは学校にとって都合のよい、いわば予定調和的な「多様性」である。学校の枠内で許容されうる「個性」であ

---

☆84 「障害」もその子の「個性」だという言い方をすることで、排除せずどの子の個性も大事にする教育実践をしている、と誇らしげに語る人もいるが、そもそも「障害も個性」という把握でよいのかどうか。「障害」は社会モデルにおいて理解することが、日本も批准している「障害者権利条約」で確認されているように、国際的常識である。つまり、どんな人であろうと、社会生活をしていくうえで困難を感じるような障壁にぶつかる場合、その社会的障壁のことを「障害」と呼び、そのような「障害」に常に出合わざるを得ない人のことを「障害者」と呼ぶのである。したがって、この認識に立てば、「障害も個性」という言い方は、すでに克服されていなければならない障害の「個人モデル」に基づいて障害をとらえていることになる。これは「障害」の克服を個人の努力に求めていく発想につながり、「障害」を生み出し続けている社会はそのままでよいという議論を正当化（差別の正当化）していく。「障害」は、「個性」ではなく、その人の生活を不自由にし、権利を奪っているものである。「個性」的であるのは、その人自身である。この点の詳しいことは、拙著『学びの本質を解きほぐす』（新泉社、２０２１年）の第３章を参照されたい。

り「多様性」である。つまり、多様な人々の存在そのものの尊重が大切なわけではない。いわば、整えられた多様性、想定内の多様性、現状肯定に着地するような多様性である。

第1章で「進化論」を検討したときに確認した「誤解」を思い出しておきたい。生物のさまざまな多様性が、パズルがぴったりと組み合わさるように、相互にみごとに機能し合って現状ができあがっているというイメージを与えてしまうことの危険性である。これは、目的論的に現象を解釈しようとする態度につながる。そこに何らかの「目的」ないしは有用な「機能」があるはずだという観点から「多様性」を理解しようとすることになっていく。ここには、「はみ出す」ものは存在しない。全体の「秩序」に貢献する何らかの役割を果たしていることが重要なのである。

そこで、ここから脱出するために、「多様性」を「わからない状態」としてイメージしてみてはどうだろうか。「わからないこと（分類可能ではない部分がたくさんあること）」があるからこそ「多様」であるという認識の仕方をしてみるのである。すべてわかってしまっているのなら、さまざまな「個性」を把握できており、リストアップできるのだから、「多様」とは言えないのではないか。このように考えれば、「よくわからない」ことこそが大事だということになる。わからないからこそ、子どもに聞いてみなければならない。子ども自身も、日々の生活経験の中で変化していくのだから、考え方や必要なものの認識も変化していく。したがって、子どもの特徴を固定的にとらえることはできず、外側から分類をしたり、最適なものを提示することはできないはずである。このような認識に立てば、学校の時空間は、相当に「動き」のあるものになっていく。つまり、アナーキーな要素が見えるようになってくる。

## 牽制し合う生存権と教育権

今日、「多様性」の尊重は、教育政策の大前提とされている。しかし、学力の多様性だけは、なかなか認められない。たとえば、走るのが速い子もいれば遅い子もいる、ということは許容されても、分数の計算のできる子もいればできない子もいるよね、ほんとにいろいろだよね、とは語られない。小学校6年生に対して、50メートルを全員10秒以内で走らせるとの目標が立てられることはないだろうが、掛け算九九や分数の計算などは全員が理解し、一定の計算ができるようになることが目指される。その習得に著しい差が生じれば、「学力格差」と言われ、解決すべき課題とされていく。これはいったいどうしてなのだろう。この違いに唖然となる。

ところが、この話を何人かの教員に話してみたところ、むしろそのような疑問をもつこと自体に唖然とされてしまった。「そんなの当たり前じゃないか」という反応なのだが、どうして当たり前なのか。学習指導要領には、同じような時間で走ることを目標とすると書かれていないのと同様に、算数・数学でも、みんなが同じようにできなければならないなどとは書かれていない。

たとえば、小学校5・6年生の「体育」では、陸上運動の項で「次の事項を身に付けることができるよう指導する」として、そのひとつである短距離走・リレーに関しては、「一定の距離を全力で走ったり、滑らかなバトンの受渡しをしたりすること」となっている。また、走り幅跳びや走り高跳びでは、「リズミカルな助走から力強く踏み切って跳ぶこと」とされているのであって、何センチを飛ばねばならないとは書かれていない。また、全力で走ったり、踏み切って跳んだりできなくとも問題はない。なぜなら、学習指導要領は、あくまでも教員がどのように指導するかが書かれているのであって、子どもに義務は課されていないからである。「身に付けることができるよう指導する」ことが規定されているのであって、子どもに対して身に付けなければならないと強制しているわけではない。身に付ける方向で指導はするけれども、結果として、「できない」ということは普通にある。私はまったく泳げないが、格差問題になったことはない。そもそも水で顔を洗うことさえ、溺れているような感覚になり、日々、緊張しているくらいである。

小学校5年生の「算数」では、「分数に関わる数学的活動を通して、次の事項を身に付けることができるよう指導する」としたうえで、「整数及び小数を分数の形に直したり、分数を小数で表したりすること」、「整数の除法の結果は、分数を用いると常に一つの数として表すことができることを理解すること」などとなっている。何を目指して指導するかは書かれているが、実際に小数を分数の形に直せなくてはならない、というわけではない。あるいは「理解すること」を目指すとしても、理解することと実際にできるかどうかとは別問題である。私はどうすれば野球でカーブを投げることができるかは理解しているが、実際に投げて想定通りに変化したことは一回しかない。この傾向は数学や理科でも同様である。微積分がいかに世の中のいろいろな現象を説明できるかは理解しているし、三角関数の有用性も理解しているが、実際にそれらを応用して問題解決したこと、しようとしたことは一度もないし、たぶん、できない。

しかし、学校はこのような考え方を許容してくれない。理由は簡単である。要するに、受験対策になるかどうかがポイントだからである。きっと50メートルを10秒以内で走ることが、分数の計算ができないことによる受験上の困難さと同程度に受験に取り入れられれば、必死になって走るしかない状況ができあがるだろう。楽しい体育の時間も、一挙につまらなくなってしまう。そもそも授業の「楽しさ」が、受験に関係がないことによってもたらされると考えてしまうこと自体が問題で、そのような歪んだ学校環境をなんとかして変えていかねばならない。

このように論じてくると、「わからなくていい、できなくていい」ということなのかとの反論にあう。もちろん、そんなことは言っていない。学習指導要領には、身に付くように指導せよと書いてあるのだから、「できる」ように指導してほしい。また、子どもから、もっと知りたいし、いろいろとできるようになりたいという希望が出てくれば、権利保障としてそれを叶えるような環境整備も必要になるだろう。ただし、これにはかなりの注意が必要である。現状の学歴主義、競争主義の発想をそのままにして、これを実施しようとすると、これまで以上に、子どもたちを苦しめることになる。たとえ子どもたちから学びたいという意志が示されたとしても、そのように言えば教員に気に入ってもらえるのではないかとか、受験にとって必要だからそのテクニックを知りたいとか、そのような意思が自覚的に、あるいは無自覚的に働いているかもしれないと疑う必要も出てくる。子どもたちは、知らず知らずのうちに、自らを追い込む環境をつくっていってしまうからである。

この問題を考えていくためには、つぎのことが了解されていなくてはならない。わかりやすく言えば、学歴と生活とはまったく関係がない、という点の了解である。この了解がない限り、アナキズム的な発想で学校を変えていこうとしても、すぐに競争原理にスライドさせられてしまう。現状は、より高い学歴を得ることによって将来の生活保障（職業選択を含む）が得られる、ということが暗黙の了解となっており、それを前提に学校での学習が位置づけられている。したがって、「これくらいのことができなければ、社会に出てから困るぞ」とか「大学まで行かないと将来の選択肢が広がらないぞ」といった脅し文句が成立する。

しかし、日本国憲法第25条の「生存権」規定によって、人は生まれたからには、確実に一定の水準を満たした生活を送る権利が保障されている。高学歴者には十分な生存権が確保されるが、そうでない者にはある程度の不利益はしかたない、などという「生存権」はあり得ない。

ところが、学歴の如何《いかん》によらず生存権が確保されるという発想を不平等であると考える人々がいる。一生懸命に努力して学歴を得たのだから、それなりの報酬はあってしかるべきだ、と。努力しなかった者との間には格差が付けられて当然である、と。これは、自分は何らかの（とくに経済的な）見返りを期待して勉強してきたのだとの主張である。憲法の第26条には、「教育の権利」が謳われているが、見返りを求めることは、この権利を愚弄することになる。もちろん、学校で学んできたことをその後の生活（仕事）でどう活かすかはその人次第であり、そのためにいかに努力しようが自由である。しかし、そうだからといって、なぜ、そうしなかった者よりも一般的な市民生活において優遇されなくてはならないのか。教育は憲法によって権利として保障されているのだから、わたしたちはその権利を正当に主張することができる。それは、有利な生活環境を確保するための条件なのではない。もしそうであれば、もはや権利とは言えない。なぜなら、学校に行って学歴が高くなるような学習をするしかなく、自由な学びができなくなるからである。将来の生活がかかっているのだから、当然そうするしかない。これは、権利ではなく、脅しである。自分の興味・関心で学習することができないような「教育の権利」とは一体何なのか。果たして「権利」に値するのか。

わたしたちは、いつの間にか「生きること」自体を誰かからの恩恵のように感じるようになっているのではないか。わたしたちは、ホッブズ的な社会観に基づく国家権力の正当化によって、すべての自由や権利をすっかり権力者に譲り渡してしまったようだ。したがって、たとえ憲法が権利保障を謳っていても、それは国家が承認した範囲内でのものだと勘違いしてしまう。人々が国家に対して要求を突きつけている立憲主義の原則が忘れられている。

したがって、生存権がどの人にも確保されることに対して不満さえもつようになっている。いわゆる「生活保護バッシング」という現象もこうして生まれてくる。一定の努力をした人のみが安定した生活が送れるのだという前提を信じて疑わない。つまり、国家が良しとする学習に関して努力した者は、ご褒美を受けるべきだ、と。もしそうだとすれば、それ自体が憲法違反であり、そんなことが実際に起こる社会は差別社会である。そもそも、努力したとか、成果をあげたとか、そういう評価は自己申告ではない。結局、他者（権力をもっている人）が認めるような行動や考え方をした人が有利になっていく社会ということになる。これが、いまの日本社会である。

これまでみてきたように、学校での秩序維持策はすべてここに落ち着いていく。そして、学校で一生懸命に、その指示通りに勉強していれば、将来、その見返りとして安定した生活が待っている、ということをみんな信じている。一方、アナキズムは、「見返り」を求めないところに特徴がある。誰かが困っているのなら、大げさな事態にせず、さりげなく手助けしていく。それが相互になされる依存的信頼に支えられた社会こそ、アナキズムが見出した、人間本来の生き方である。

生存権に対して学歴などの条件が課されてしまったのでは、もはや権利ではない。教育も権利であるのだから、自分の学びたいことが自由に学べなくてはならない。しかし、現状は、この2つの権利（生存権と教育権）が相互に牽制し合っていて、本来的に権利を支える自由の観念が窒息状態となっている。この状況でいくら「多様性」を語っても、最終的には、「計画」通りに事態は進行し、目標達成への道がより合理的に整えられていくことになる。この点を、近年の教育政策を象徴する「個別最適化」をめぐって確認しておきたい。

## 「個別最適化」をどう理解するか

文部科学省は、子どもたちひとり一人に「個別最適化」されたＩＣＴ環境の実現を目的とした「ＧＩＧＡスクール構想」を進めている。これを受けて各地で子どもたち一人に一台、タブレット型情報端末が配布されていくことになった。また、２０２１年6月に教育再生実行会議（第十二次提言）が「ポストコロナ期における新たな学びの在り方について」を示し、そこでも、タブレット端末の学習履歴等のデータを活用して個別最適化された指導を実現していくことなど、デジタル化が教育の新たな可能性を拓くと謳っている。これらは、新型コロナウイルス感染症対策に便乗して進められたという印象もあるが、いずれにしても、「多様性」を尊重するという観点から、教育政策の中では一定の評価を得ている。しかも、このようなＩＣＴ活用によって、受け身な学び、自己完結型の学び、画一的な指導から脱却できるとされている。

しかし、これは、実際にはその謳い文句とは逆の結果となる。個別に最適な学習だと言っているのだから、普通は、子どもたち自身が、何を学ぶのか（学びたいのか）、その学びは何を目指すのかということについて問う機会がなくてはならない。そうでなければ、どうしてその子に最適だとわかるのか。ところが、文部科学省がイメージしているのは、このような意味での最適化なのではない。それは、与えられた学習のルートに乗って、それぞれの子どもがその途上のどこに位置しているのかを測定し、より効率的にゴールに近づくにはどのような課題をクリアしなければならないのかを見える形にした、という意味なのである。「個別最適化」された学習では、設定された目標(もちろんここには多少の複数性はある)に対して各人がどのように学習していくかに関心が向けられている。ここでは、学びに対する自律性や自由、自己決定が奪われている。一見すると積極的に学習しているように見えても、実際には、受け身の学びが強要されていく。

実際、ＩＣＴ機器を使用した学びは「受け身」そのものである。自分の学習進度に応じて、解説や問題が提示され、それをひとつ一つクリアしていく作業。ひとつクリアするとまたつぎが提示され、終わることがない。他者と協力したり、他者との関係の中で自分の認識を位置づけたりはしないので、そこでの学びはあくまでも「自己完結」となる。個別に最適だと言っているのだから、自己完結に決まっている。それゆえに「画一的」にならざるを得ない。たぶん、文部科学省は、みんなが一斉に同じ授業を受けている場面を「画一的」と呼んでいるのだろう。しかし、タブレットの中で、みんなが同じ内容・目標に向けて、その進度に応じて、それぞれの時間で学習していることは「画一的」ではないのだろうか。個別化されてしまっているので、これまで以上に「画一的」であることが完成されていると思うのだが。みんなで一斉に学習が行われているのなら、そこには絶対に「ブレ」が生じる。画一的に学習は進まない。理解の早い遅いもあるし、子どもそれぞれが学習内容に刺激されて、あるいは相互に学習状況を確認し合うことで、さまざまに学習場面は展開していく。「個別最適化」は、このような授業の「生きている場面」を否定する。少なくとも、そのような「動き」に関心は払わない。

要するに、ここでの「学び」には、予期しないことは起こらない。想定外の「はみ出し」が起こらないようになっている。きれいに順序立てられた個別課題が提示されるだけである。一方で、これとは別の枠組みで「協働的な学び」も確保すると言われているが、二度手間ではないか。そもそも「学び」は一人では成立しない。おそらく、この点の認識があるかないかが、方針の決定的な違いを生んでいるのだろう。そして、このことが教育への権利を保障できる環境（子どもたちが安心して過ごせる環境）をつくれるかどうかのカギになる。

学習指導要領は、子どもがＩＣＴを活用しながら、自らの学習の状況を把握し、学習を調整しながら学んでいくことができるよう「個に応じた指導」を充実させることを謳っている。教員の指導も、そのような方向に切り替えていくべきだとされている。繰り返すが、このような学習で問われているのは、あらかじめ決められた内容をいかに習得していくか、その効率性だということになる。

だから「学び」の性質自体が変わったわけではない。個性や多様性が、学習内容についての理解度の差異に矮小化されているのである。「個別最適化」とは、「個に応じた指導」と言い換えてもよいのであって、個別学習、グループ別学習、繰り返し学習、補充的学習、発展的学習などを組み合わせて、指導方法を工夫せよと言っているのである。「多様性」や「個性」とは、何の関係もない。あくまでも、教員の側の指導のあり方のことである。

ただし、教員からの声として、パソコンの活用による学習で、子どもたちの積極的態度も引き出せるのではないかとの議論もある。ネット検索などでいろいろな調べ学習も活発化する、といったように。しかし、少し注意しておくべきことがある。「調べる」と称しているその行為は、実際には、誰かが「調べたもの」を見ているだけなのではないか、ということを自覚しておく必要がある、という点である。

たとえば、都道府県別の大学進学率を調べるといった場合、キータームを入力して出てきた数値を知ることは「調べた」ことになるのかどうか。誰かが計算した結果を見たのではあっても、自分で人口や進学者数をもとにして得た数値ではない。もっとよい例はたくさんありそうだが、確認したいことは、パソコンで得られる情報は、パソコンにデータを書き込んでいる誰かのフィルターを通っているということの問題性である。実は、この点は、パソコンが登場する前の紙媒体の時代から問題になっていたことではある。そもそも「情報」とは何かということなのだが、ただ、このような情報への警戒心がパソコンの普及によって薄らいでしまった。それゆえに、情報リテラシーなどと言って、あらためて、騙されないような、あるいは悪用しないような利用が啓発されたりもしている。

子どもたちの積極的な学習を促すものとして、「アクティブ・ラーニング」という言葉も流行している。ここでも、ＩＣＴの活用が前提とされることが多い。ただ、この言葉は、かなり誤解をされている。元々は、外から見てわかるような「活動的な」学びをするということではなかった。それは、カリキュラム（学ぶ内容）がはじめから決まっていて、なぜ自分がそれを学ぶのかということをていねいに考える時間もなく、とにかく「受け身」で学習していく状況になっていることを問題としてとらえ、そこから抜け出すためには、自分の意志で何を学ぶのか、自分のほうからアクティブにアプローチしていくことが大事だ、という認識を基盤として学習のあり方を見直そうとしたものである。大学などの高等教育段階での学習のあり方に対して、その改革を迫る概念であった。したがって、じっと椅子に座っていてもアクティブ・ラーニングは成立する。逆に、一見すると話し合ったり、議論したりしていても、ただそのような場が設定されているのでそうしているだけであったり、何のためにやっているのかが自覚化されていなかったり、その議論が自分にとってどんな意味があるのかがわかっていなければ、「受け身」の学びだということになる。だとすれば、これを小学校や中学校での学習のあり方に適用しようとすること自体に、実際にはかなりの無理があったと言えるだろう。学習指導要領によって相当程度にカリキュラムの自由度が狭められているのだから。結局、日本では教育実践上の単なる教育方法のひとつになってしまっているのが現状だろう。

本来、アクティブ・ラーニングには、自らに「学び」を取り戻すといった含意がある。実践論的に言えば、自ら学ぼうとする積極性を重視するということになるのだが、何に向けて積極的になるのかが問題である。これまで通り、指定されている学習内容をこなすことに対する積極性であったり、学歴を得るための学習に対する積極性であったりするなら、その趣旨はまったく活かされていないことになる。教員からの指導を少なくして、子どもに対して「自分でやってみよう」などと言って、自ら動き出すことを促すといったことも考えられているが、問題は、何に向かって動き出すかである。この部分が問えていなければ、どんなに方法を変えたとしても、向かう先はいつも学校の「計画」の枠内ということになる。むしろ、子どものほうから積極的に枠にはまってくれるのだから、学校からすれば、こんなに楽なことはない。もしかすると、こういう子どもたちがいる学級は、「うまくいっている」学級として認識されているのかもしれない。

そもそも「個別」な学びや「積極的」な学びを進めようとしているのに、学ぶ本人(子ども)に何を学びたいのかを聞かないのはおかしい。聞かずして、どうして「最適」だとわかるのか。また、何をしたいのか聞かれてもいないのに、子どもが学習に積極的になるとどうして思うのか。

もちろん、学校現場は、子どもを苦しめようとしているわけではない。しかし、子どもは、その意に反して、いつも精神的・肉体的に追い込まれている。このような学校での生活をどうすれば変えられるのか。そのヒントは、実は、学校の中の随所に隠されている。次章では、それをアナキズム的発想で浮き上がらせてみたい。子どもたちがいかに「動く」かという点がカギとなる。これは、アクティブ・ラーニングのような意味での「動き」ではない。

# 第4章　アナキズムによる学校再生

## 「そろっていること」の必要性

前章で、学校の「計画性」「規則性」などについて、その問題性をかなりしつこく指摘してきた。これをもう少し日常的に表現すれば、学校は「そろっていること」が大好きだ、ということになる。この場合、「空間」も「時間」も「そろえる」対象になる。また、「そろえる」ためには、人に対して、その意にかかわらず一定の行動をとらせるということになるのだから、そこにはある種の権力関係が成り立っていなければうまくいかない。したがって、すでに確認してきたように、学校は、あらゆる機会にそのような関係をつくろうと努力していくことになる。もちろん、それが子どもたちのためになる「教育的指導」であると称して。

さらに、学校は、「自立した個人」を育成するために、非常に厳しい環境下に子どもたちを置くことも指摘してきた。これも日常的な表現で言えば、「誰も助けてくれない」状況をつくる、ということである。この背後には、競争的環境において、常に他者を出し抜くことを考えながら生きていく人間の姿と、そのような人々の闘争の場としての社会のあり方を前提とする考え方がある。

しかし、これらはいずれもアナキズムとは逆の発想であることは、第1章および第2章での検討から明らかである。そして、アナキズムによる人間および社会の把握のほうが「生活」の実際の姿に合っていることも証明されたはずである。アナキズムは、権力関係によらずとも、人々が社会の中で生きていこうとすると、自然と相互に助け合い、また、まわりとの調和の中に自己を位置づけ、そのつどの環境において秩序を形成していけることを明らかにしている。したがって、このような秩序形成の動きに反して、強制的に「規則性」等を維持させようとすると、最初は「整って」いても少しずつ崩壊していく。もしかしたら、むしろ、その崩壊する力に任せることによって、誰もが安心できる学校環境がつくられていくのではないか。本章では、このことを学校への希望として位置づけていきたい。

そこで、まずは、個人的経験を例に「そろっていること」について考えてみたい。

1970年代半ば、私が通っていた中学校では、朝礼が終わると、クラスごとに校庭を一周「行進」し、元気よく手を振って、足をあげて、「正しく」、「立派に」行進したクラスから順に教室に戻れる慣例になっていた。担当の教員から、「2組、よ~し!」「5組、よ~し!」などと声がかかると教室に戻れるのでほっとする。しかし、その行進が「そろっていない」、あるいは「ダラダラしている」場合には、許可が出るまで、いつまでも校庭をぐるぐると行進していなければならない。その印象が強烈だったからかもしれないが、わたしたちのクラスは、よく残されていたように思う。すでに教室に戻った他のクラスの子どもたちが窓から見ている。単純に恥ずかしい。早くOKがもらえるように一生懸命に手を振り、足をあげたいところなのだが、思春期としてはそれも恥ずかしい。うつむき加減になる。ますますＯＫが出ない。いま思うと、担任の教員もきっと職員室でつらい思いをしたのではないかと想像する。校長から、「またあなたのクラスですか…」などと言われ、同僚からもあきれられていたかもしれない。帰りの会などで、朝の行進についての注意があり、ますます重苦しい雰囲気になってしまう。[☆85]

別の例でも考えてみたい。一般的には、整理整頓は価値あることであり、見た目の美しさが重視されることもある。学校では、下駄箱に入れられた靴のかかとが合わさり、全部が同じ角度でそろっていると、とても気持ちよく、立派な生徒たちだ、と思う人たちがいるようだ。こんな皮肉っぽい言い方をすると、なぜ、そろっていることにそんなに否定的な見方をするのか、との疑問が飛んでくる。

しかし、逆に、なぜ「そろっていること」が必要なのか、と聞きたい。結果として同じになることはあるだろうが、はじめから同じであることを目指すことでよいのかどうか。なぜ「そろえる」ことが必要だと考えられたのか。たとえば、他の人の靴を間違って履かないように決まったところにそろえて脱いでおくということだとするなら、その目的が果たされればよいわけで、そんなことは、子どもたちは、誰に言われなくとも、間違わないようにやっている。仮に最初のうちは、慌てて脱いでばらばらになることがあったとしても、それではすぐに困ったことになるので、どうすればいいか自分たちで考えるはずである。

「そろっている」という点では、「秩序ある教室づくり」と称して、子どもたちの机を床に張ったテープなどの印に沿ってそろえることが実践されている場合もある。等間隔で机や椅子が並ぶことになるのだが、それがなぜ「秩序ある」状態と言えるのか。

たとえば、体格の大きな子がいる場合、その子の机の周囲が他のところよりも少し広がっていることが必要であるし、足をけがした子がいれば、歩くときに危なくないように、その子がよく通る列は広くしておく必要もある。その他いろいろな理由で机や椅子の配置は、子どもたちの間でそのつど合理的に決まっていくはずである。「秩序」を重視したいのであれば、これこそが「秩序ある」状態というものではないだろうか。

ちなみに、私が中学3年生のときの教室では、机の向きはかなり自由だった印象がある。冬はストーブのまわりに集まりやすくなるし、壁に寄りかかりたければ、その方向に机と椅子を調整する。仲良しどうしの机はいつもくっついているし、その日の気分でちょっと前との間隔をとりたければ、そのつど前後に動かす。もちろん、机が斜めになっているのも普通のこと。誰も困らない。教員も、全員の顔と名前が一致しているわけだから、どこに誰がどのように座っていよう

☆85 この行進の例は、まさに「軍隊」を連想させる。あるいは、警察や刑務所を連想した人もいるかもしれない。学校で授業実践を議論する際、学級で子どもたちに教員の「指示が通る」かどうかがよく話題になることがある。この言い方自体も「軍隊」や「刑務所」の性質を学校がもっている証拠である。

が何の問題もない。「行進」をあんなに重視していたのに、同じ学校とは思えないくらいの自由さである。覚えていないが、途中で校長が代わったのかもしれない。

教育実習の仕事で、ある高校3年生の授業を、教室の後ろで校長をはじめ数人の教員と一緒に参観することがあった。前を向いている机は5つほどで、残りは、実にさまざまな方向を向いていた。窓際が人気で、何人かは完全に窓に向かって机を並べていた。静かに教員の話を聞いているような雰囲気ではなかったのだが、生徒たちは聞いていないようでいて、実はしっかり聞いているようだった。授業後、校長室で話をする中で、「今日は外部の人が来るということで、生徒たちも少し緊張してたみたいだけど、みんなよく授業を聞いてましたよ～」と校長がニコニコしながら話していたことが印象に残っている。机の向きのことなど、まったく問題視していなかった。「そろっている」ことを厳しく求める人からは、おそらく「学級崩壊」しているように見えたはずである。ところが、その高校では、いろいろな方向に机が向いていることこそが、安定した状態だったのである。それが許容されることで、生徒たちの学級での「生活」が保障されていたのである。

学校での「そろえる」実践としてもっとも一般的なのは、子どもたちが校庭で集まるときの整列があげられるだろう。朝礼のときも、体育のときも。たいがいは背の低い順に前から並ぶのだが、前の子の真後ろに並ぶと、かえって前が見えない。視線が順にうまく上にずれていくような都合のいい身長差（等差数列のように）が続くはずがない。したがって、話を聞こう、集中しようとすればするほど、自然に、少しずつ体が左右にずれていくことになる。ピシッとまっすぐにそろっていることが好きな教員から見ると、耐えられないほどの「乱れ」に見えるはずである。「頭が揺れてるぞっ！」などと言われて注意される。しかし、前の子の後頭部が視野のかなりの部分を占める状況のほうが、耐えられない。一言、「みんな集まって〜」と言えば済む話である。みんな思い思いのところに座ったり、立ったりして、結果として、全員が見えるような位置取りをするはずである。その過程で、「ちょっと座って」「少し右にずれて」など、いろいろな要求が子どもどうしで交わされるだろう。このようなことが普通に言えるような関係性をつくることのほうが大切である。その結果として得られた状態は、たぶん体も楽にしていられるだろうし、なによりも、みんなが安心していられる。

もちろん、気が乗らなくて、活動に積極的になれないという子どももいる。後ろのほうにいて、そっぽを向いているかもしれない。しかし、あらかじめ決められた順に並ぶことを強要されていないので、その様子も、思い思いの位置取りのひとつのパターンに収まる。収まっていながら、その子にとっては、安心して「はみ出す」ことができる。そして、この「はみ出し」は、教員へのメッセージでもある。授業がつまらない、体調が悪い、悩みがある、親と喧嘩した、など。このように、アナキズム的発想によって、子どもたちが声（態度で示すことも含めて）を出せる場を実現できるのである。

## エントロピー増大の法則

それでも、このように子どもを「自由」にさせていると、集団生活を送るうえでの規律やマナーが身に付かなくなるのではないかとの心配が寄せられることがある。集団生活は、何らかの強制力が働くことで可能になるのであり、また、そのことでメンバー間に同質性が確保でき、一層その集団は安定すると考えられている。しかし、学校での「集団生活」の考え方が、ある種の勘違いに基づいていることは前章で述べた。もちろん、集団として生活するうえでの規律やマナーと言われるものの必要性は否定できない。問題は、それがどのように形成されるかである。大人が心配するまでもなく、子どもたちは、必要を感じれば、規律やルールを（暗黙の裡《うち》に）自分たちでつくりあげていく。その際、教員のサポートが必要になる場合もあるだろう。そういう実践報告はいくらでもある。むしろ、固定的なルールなどを決めていくことで融通が利かなくなってしまうことのほうを心配したい。

集団生活でのルールは常に臨機応変でなければ機能しない。なぜなら、そのルールが形成されたときには考えられていなかった事態が起こる可能性があるからである。おそらく子どもたち自身による遊びのルールの柔軟性をイメージすれば、わかりやすいのではないか。鬼ごっこをするとき、当初のメンバーではなく、途中から仲間になった子の中に、まだ幼かったり、足が思うように動かなかったり、いろいろな理由で、すぐに「捕まって」しまう子がいる場合、3回タッチしなければ捕まったことにならないとか、何があろうと「捕まらない」ことにするなど、遊びを成り立たせるために随時ルールが見直されていく。だからといって、タッチして「捕まえる」というルールが変わったわけではない。状況を見ながら、かつ、みんなの合意を取りながら進められていく。このような思考方法は、子どもたちが生活する時空間のあらゆる場面でなされている。

ちなみに、ルールは、何かを禁止することに主眼があるのではない。この点は、前章での校則の自主制定のところで確認した通りである。ルールは、みんなの権利を守るために（つまり、安心して過ごせるために、楽しく鬼ごっこができるために）つくられるものなのだから、禁止事項があるとしても、きわめて限定的で、かつ公平性を確保するためのものでなければ意味がない。

さて、このように考えてきたとき、ふっと、「エントロピー増大の法則」という言葉が浮かんできた。熱力学の正確な定義で議論する力量がないのを断ったうえで、話を進めていく。

机と椅子がある一定の法則に従って整えられ、安定した状態にある教室に子どもたちが入り、そこで生活が始まると、少しずつ「熱を帯びて」動きが生じてくる。固定的な秩序にズレが生じ始め、秩序が「乱された」状態になっていく。

ただここで注意すべきは、もともとの秩序は誰にとっての秩序だったのかという点である。それはけっして自然現象なのではなく、学校（教員）の価値に基づいて指定された状態のことである。そして、子どもたちが生活し始めることで生じた秩序の崩壊は、そのつどの動きの中でまったく別の秩序を形成していく過程である。そこでは、支配関係を背景とした権力的作用が働いているわけではない。必然的な崩壊と、相互作用による別の価値の具体化である。まさにアナキズムそのものである。「生活する」というごく当たり前の状況が確保されることで、生活する者にとって安心できる秩序が形成されてくるというわけである。

この発想は、インクルーシブ教育の実現の前提である「合理的配慮」の形成過程として理解することもできる。最初から何らかの「配慮」が設定されていなくてはならないというのではなく、一緒に過ごすことで必要なものがわかってくるのだから、まずはともにいる状態から始めて、そのつどどうすれば一緒に過ごしていけるかをみんなで考えていけばいい。その過程の中から具体的な「合理的配慮」がつくられてくるのだから。もちろん、スロープなど物理的なことや医療的なことであらかじめわかっている「配慮」もあり、それは、ともにいるための最低限の条件として確保されていなくてはならない。

学校を「訓練」の場にし、同じような人間を「製造」したいのならば、指定された通りにそろっていることが重要となるだろう。みんな何かに役立つ「材料（人材）」になるように、と。しかし、本当に子どもたちを「自主的な」人間にしたいのであれば、学校を子どもたちにとっての「生活」の場としていかなくてはならない。生活していれば、おのずと子どもたちどうしの関係の中から秩序が浮かび上がってくる。

これでもある程度は整理したわたしの机。
寝ていた猫が本に登り始めた

このようなことは、実は、いま私の机のまわりで起こっている現象でもある。最初は棚に並べられていたさまざまな本が、この原稿を書くために取り出され、積み上げられ、雪崩を起こしながらも、ある種の必然性によってそのつど位置が決まり、メモを書いた原稿用紙が雪崩を隠すように置かれ、そこに飼い猫が横になるスペースもいつの間にか確保されている。どんどん「乱れ」ていく。非常に動的な状態が繰り広げられている。見る人によっては、嫌悪を感じるかもしれない。しかし、この状態は、そこで生きる者（猫も含め）にとっては居心地のよい、安心できる時空間となっている。もっと広い机が欲しいとの誘惑にかられるときもあるのだが、広くなってもきっと同じことが起こるだろう。

人が生きているということは、常にこのよ

うな動的状態の中から一定の秩序が生み出されてくることの繰り返しなのではないか。しかし、学校は、エントロピーを抑制しておきたい。なるべく「動いてほしくない」のである。一方で、今日的な教育方法としてアクティブ・ラーニングと称して「活動的」であることが求められてもおり、また「多様性」と称して子どもたちの「個性」が尊重されねばならないとも言われている。しかし、前章で指摘した通り、その「動き」は復元可能な範囲に限られる。

## 「社会的存在」を付与するのが学校か

動きがあるとしても、それが「規則的」であれば、安定して、何も崩壊しない。まず、学校はこのような環境であることを前提とする。そうでなければ「教育」という行為は成立しないと考えられている。なぜなら、子どもたちを近代的な「個人」へと形成していくためには、まずは、その生活の舞台である共同体から彼らを引きはがし、「ニュートラル」な静的状態に置き、教育を通じて「共通の価値」を形成していこうとするからである。形成すべきものは、あらかじめ学校側が保持しているのであって、それを子どもたちに分け与えていくイメージである。そうでなければ、「個人」どうしの社会的つながりは実現しないという前提がある。たとえば、学習指導要領の内容を共有していくこと、その中でも「日本人の育成」は欠かせない共通項となっているはずである。また、2016年から教科となった道徳教育（「特別の教科 道徳」）を通して、一定の価値観が提示されていくことも、この共通性の形成方法として重要なものとなっていくだろう。しかし、これらは、社会的つながりの実現どころか、ある者を排除していく論理に転化していくことになる。

この「共通」部分をどのように名付けるかは、いろいろと考えられる。たとえば、19－20世紀にかけて活躍した、教育社会学の祖とされるデュルケーム（仏、1858－1917）は、この共通部分を「社会的存在」と名付けた。彼は、教育を「社会生活においてまだ成熟していない世代に対して成人世代によって行使される作用である」と定義したうえで、この「社会的存在」を子どもの中に形成していくこと（社会化）が教育の目的だとした。[☆86]

デュルケームによれば、人間の中には抽象的にしか分離できないが、「個人的存在」と「社会的存在」とがあって、後者の意図的、組織的な付与を教育の役割であるとした。生まれただけでは持ち合わせていないそのような新たな存在（価値のあり方）を子どもに付加していくことで社

☆86 デュルケーム／佐々木交賢訳『教育と社会学』誠信書房、1976年。教育の定義・目的の部分を引用しておく。「教育とは、社会生活においてまだ成熟していない世代に対して成人世代によって行使される作用である。教育の目的は子どもに対して全体としての政治社会が、また子どもがとくに予定されている特殊的環境が要求する一定の肉体的、知的および道徳的状態を子どもの中に発現させ、発達させることにある。」（58－59頁）。

会の成立を説明しようとしたわけである。この発想は、教育の目的を語るときの一般的なイメージと違和感なく重なってくるのではないか。

この論法は、かなり単純で図式的である。また社会変動をうまく説明できないような、いわば同化主義的教育の印象を人々に与える。デュルケームの教育論に関しては、他の著作をも加えて総合的に分析すれば、個人の動的な位置づけをも含んだ革新的部分のある理論であったと解釈することはできるのだが、その詳細は本書の範囲ではないので措くことにする。☆87

問題は、一定の社会関係の形成のためには、「共通する何か」が必要だとする考え方である。しかも、それは外側から付加できるという特性をもつ点の問題性である。ここではひとつの普遍的な価値体系が想定されており、それを人々が分有することで集団としての結びつきが可能になるという発想がとられている。したがって、各人は、自分自身の内面を見つめていくと、どこかの段階で、自分の外にある普遍的・不変的な価値のかけらが見つかるということになる。各人が自由に考え、行動しているかに見えても、突き詰めていけば、それらはどこかで一致するはずなのである。これが、「常識」と言われる場合もあるだろう。それぞれに表面的な違いはあるけれども、それらはすべて想定できる範囲に収まっているのだから、必ず一致点にたどり着く。デュルケームが述べたような「社会化」によって、子どもたちはこのような状態になっていく。

これは非常に安定した社会像であり、したがって、その中で生きようとする子どもたちへの働きかけも、迷うことなく実行できる。学校が形成しようとしている「個人」とは、確固たる本質をもった存在であり、また、外側から一定の価値に基づいた考え方や行動様式が付加されていく存在である。それは、アナキズムが想定するような、そのつどの状況に合わせて秩序を形成していく存在ではない。したがって、ここでは価値の流動性は考えられておらず、全体として「保守的」にならざるを得ない。☆88

しかし、このような「静的」イメージだからといって、まったく価値観が変わらないということはあり得ないとの反論もある。確かに、かなり長期間の時代的変化ということを言うのであれば、価値は変化している。明治時代の人々の考え方と今日のそれとでは違いがあって当然だろう。ただ、ここで注目しているのは、長いスパンでの「変化」ではなく、常に価値が「流れている」状態のことである。生活の中で変化し続けていく価値観とそれを基にした秩序のことである。一見するとしばらく動かないように感じられても、その底の部分では常に「熱せられた」状態が維

---

☆87 拙稿「デュルケーム社会化論の再検討」(教育制度研究会『教育制度研究』第20号、1987年、47－56頁)および「デュルケームにおける二つの子ども観」(東京学芸大学教育学教室『教育学研究年報』第7号、1988年、16－27頁)で、社会規範の内面化という側面とは異なるデュルケームの社会化論とそれを支える子ども観について検討した。また、フランス教育学会編『フランス教育の伝統と革新』(大学教育出版、2009年)の第2章と第3章も参照。

☆88 この「保守性」は、ある種の道徳性、宗教性を帯びて、たとえば、神話や伝統文化に関する学習内容に具体化して学校教育の中に入り込むこともある。

持され、その動き（流れ）に支えられている社会のあり方を考えたいのである。これがアナキズムの社会観である。そして、社会を「静的」に描くことで、とくに第3章でみたように、子どもたちにとって学校が安心な場所ではなくなっていることが、アナキズムの見方から明らかになってきたのである。

では、「動的」な社会を支える「流れ」の担い手は、誰か。それは、子どもたちひとり一人の「個人的存在」だろう。デュルケーム的に言えば、まだ「社会的存在」が付加されていない「不十分な」状態である。☆89 この状態は、わかりやすく言えば「わがまま」であることを特徴としている。これは、道徳的に価値の低い状態とされるが、しかし、まずは個人として、自分が望む方向で考え、行動することが重要ではないか。なぜなら、そうすることで、自分を取り巻く環境（人的、文化的、自然的環境など）との間で、自分も相手も一定の変化を前提として交渉していかざるを得なくなるからである。わたしたちは社会的にしか生きられないのだから、他者との関係を常に意識し、どういう状態なら自分が生きやすくなるか、考え、行動していくことになる。これらが相互交流していくことにより、その時々でみんなが都合のいい状態がつくられていく。

つまり、何か共通する価値を想定し、それをみんなが同じように学び取っていくことで共通性を確保し、それを核にしてつながっていくという筋立てではなく、一見すると自分本位の思考や行動に思われたとしても、各自の要求の実現過程において人々がつながっていくと考えるほうが、生人の生き方に「本当は」マッチしているのではないか、ということである。すでに述べたが、生きていくことは、実際には、この過程の繰り返しだと思うからである。自分が何かをしたければ、必ず他との調整が必要になる。固定された価値が最初からあるのではなく、それは自分からつくっていくしかない。先に述べた机と椅子の位置が日々動いている状態は、常に調整過程が作動していることを象徴的にあらわしてくれる。この「動き」は「乱れ」なのではなく、むしろその反対で、ちょうどいい合意点を求めて「安定」しようとしているのである。アナキズムは、まさにこのようなそのつどの「流れ」を前提とする生き方を自然なことだと認識することである。

しかし、このような「流動性」は、学校での「規則性」と衝突を起こす。価値が子どもたちの行動（関係構築）のたびにつくられ続けていくということは、常に「いま」しかない状態でもある。学校での学びは、将来の社会の形成者を「準備」することを目指している。この前提である限り、当然、「流動性」の発想と衝突する。学校は、流れ、固定しないイメージで教育をとらえることが苦手である。

☆89　この二分論は、理念的、抽象的にしかできないのだが、ただ、そうすることによって、社会的つながりがどう構築されていくのかが描けたわけである。つまり、「社会的存在」が意図的、組織的に教育という方法によって付加されることによって、常に新メンバーを加えていく社会の存在が更新されていくというわけである。

## 学校の流動性

常に流転していく状態は、学校が想定する教育のイメージと異なると述べたが、このことは、逆に学校は流転しやすいということをも意味している。だから、それを抑え込まなくてはならないわけである。しかし、アナキズムの発想がもたらす安心、すなわち、支配関係を根拠としない秩序形成のためには、「動く」ための「隙間」が必要である。実は、学校は、いろいろな意味で「隙間だらけ」なのである。これは、いくら校則をしっかりつくっても抜け穴があるといった意味ではない。学校は、アナキズムが自然に発生する条件をもっている。

もっとも単純で簡単な例をあげるとすれば、授業中の「よそ見」がある。教員がいくらがんばって子どもに前を向かせようとしても、子どもは、いつでも窓の外を見ることができる。空間が整理整頓されるのと同じように、学校では、時間も整理整頓の対象となっている。授業の「時間」として用意されているのだから、想定された時間の使い方をしていなければ「指導」の対象になる。わたしは授業中に、「遊びの時間はもう終わったんだから、ちゃんと前を向きなさい」と何度言われたことか。机や椅子が「そろっている」ことと同じように、時間についても「そろっている」ことが必要なのである。しかし、子どもは、自由に全身の感覚を使って「遊ぶ」ことができる。いろいろに妄想を膨らませることだってできる。

そもそも授業自体が、非常に流動的である。教員の計画通りにいくはずがない。

この点に関して、計画が文字化され、学ぶ側に提示されているという点でわかりやすいので、大学での「シラバス」を例に考えてみたい。これは、「講義要項」のことで、その授業の目的、目標、内容、計画、形式、評価方法などが書かれている。毎回の授業内容も書かれている。このシラバスを見て授業を選択していくので、学生は、教員との間に契約を交わして授業に臨んでいるのだ、という意味合いを含むとされている。

シラバスは、多くの場合、前年度の秋から冬にかけて作成される。つまり、これまでの学習の履歴等を含め、どのような学生が何人くらい受講するのかがまったくわからない状態で来年度の授業計画が書かれるのである。しかし、受講者数は授業方法・形式に大きな影響を与える。たとえば、半期の授業で80人受講しているのに、ひとり一人の発表形式で進めることはかなり難しい。また、学生の興味・関心も多様であり、さまざまな角度からの質問が飛んでくる。それに応じて、当初の計画にはなかったことを補足しなければならない場合もある。当然、計画からのズレが生じてくる。シラバス通りに授業は進まない。授業は、偶然に大きく左右される。教育実践論の分野では、よく「授業は生き物である」と言うが、まさにその通りである。教員が、これを楽しいと思うか、授業の崩壊と思うかで、教室の雰囲気はまったく違ったものになるだろう。

ところが、どの大学でも実施している学生による授業評価アンケートでは、多くの場合、「この授業はシラバス通りでしたか」という質問項目がある。いわば「契約書」通りに教員は授業をしたのかが問われ、その契約が守られていなければ、低い評価となっていく。しかし、シラバスを守ろうとすれば、学生の興味・関心に応じて授業を工夫していくことはできない。ここでは、教員と学生との相互作用として授業をとらえる視点は否定され、誰が受講するかもわからない段階で作成された計画書通りに、受講生の声は無視して、授業を進めていくことがよいことだとされている。教員としてこのような授業をしていくことは、よほどの精神力がない限り、普通は耐えられない。☆90

規格品の製造工程の一場面として授業をとらえるなら別だが、そうでない限り、シラバスは最初の授業時間から破綻する。毎回、教員が想定した通りに進むはずがない。これに対しては、授業「計画」は、つねに修正してよいのだとのアドバイスがなされることがある。だとすれば、その修正は、おそらく一分一秒ごとに必要になってくるだろう。学生と教員とは、常に刺激し合い、変化している。授業は「生きている」わけである。したがって、最初に確実に示せるものがあるとすれば、授業名くらいのものである。テキストや評価・評定の方法さえ、修正が必要になってくる場合もある。

ここでは、「シラバス」の存在を例にしたが、小中高校段階においても同様のことが言えるだろう。子どもたちは生きている人間であり、当たり前だが意思がある。「社会的存在」を付加されるために、じっと座っているわけではない。実際の教室場面では、人間と人間との価値の「ぶつかり合い」により、動的な状況がつくられている。その熱を冷ますべく、学校は必死になって、少なくとも見た目上の「秩序」を保とうとする。弾け飛んでいきそうな動きは、厳しく指導されるか、排除の対象となっていく。生徒指導や特別支援という概念がここから生じてくる。校則の問題に連動する生徒指導の厳しさや、近年、特別支援学級・学校が増加傾向にあることなどは、学校がいかに子どもたちの「動き」を止めようと必死になっているかを示すよい例と言えるだろう。

## 興ざめの「学級目標」

要するに、学校は、制度としては一定の計画性をもたざるを得ないのだが、その一方で、現実の教室は、具体的な人間関係によって常に「動いて」いるのである。この両者は、なかなか釣り

---

☆90 シラバスの重要性は、学生に履修の十分な準備を促す点にあるとされている。この発想自体が、学生主体の学びが想定されていないことを示している。学生はシラバスに合わせる形で自分の学びを調整していく。教員には、授業計画をふり返り、次期に活かすことが期待されている。このサイクルを回すことで授業改善がなされるとの想定だが、この程度のことなら教員は誰でもやっている。そもそも「次期」では遅いのだ。「今期」の学生は実験材料だったのか。

合わない。そして、これまで見てきたように、教室の「流動性」こそが実際の教育活動の前提とならざるを得ないのだから、前者の「計画性」には最初から無理があったのである。したがって、無理に動きを止めようとするのではなく、子どもたちのその「動き」に任せていれば、むしろみんなが安心でき、教員も指導等での多忙化に悩まされずに済むのではないか。

たとえば、標語のような「学級の目標」も苦労してつくる必要もない。教室には、たとえば「仲良く、感謝の気持ちを忘れない、満点の笑顔」などと色模造紙に書かれたものが黒板の横や上に掲げられていたりする。そして、それぞれの行の最初の文字をつなぐと「な・か・ま」になっていたりする（いまここに書いた標語は、いかにもありそうなものをわたしが勝手に考えたので、まったくセンスがない）。おそらく全国の学級を調べれば、ある程度定番の「標語」が浮かび上がってくるだろう。きっと「仲良く」は、ベストテン入りしているのではないか。

しかし、子ども時代を思い返すと、これらの標語に対しては「しらけていた」記憶がよみがえる。仮にみんなで決めたように見えても、実際には、教員がいいと思うだろうというものを忖度していたことが多かった。そもそもこのような標語めいたものを掲げても、「効果」はない。それなのに、保護者による授業参観日の前日になると、急に教室内にいろいろな標語を貼り始める教員もいた。「理想の空間」が演出されているのであり、子どもたちにしてみれば、なんだか「自分たちの生活空間」が侵食された気分になる。

これらの標語（学級の目標）の存在は、子どもたち全体に求められる価値（確固たる価値）であり、最初から提示されるものである。目標である限り、最初に提示されるのは当たり前だと思われるだろうが、問題は、その目標の根拠であり、その目標がどこから生まれてきたのか、ということである。ここでは、教員から提示されたものを子どもたちが分有していくことが期待されている。この構図は、学校にとっては、魅力的である。なぜなら、それは権力関係に基づく一方的な指示であり、その目標の根拠を問われることがないからである。もちろん、子どもの声を聞く必要もない。

一方で、子どもたち自身に目標をつくらせる実践もある。これは、子どもたち自身で学校や学級をつくりあげていかせようとする実践のひとつであり、第3章で検討した校則の自主制定も、この系譜に入る。

しかし、目標は無理やりにつくらされるものではない。小学生のとき、午前中の20分休みの過ごし方を毎日子どもたちで決めるということがあった。あるとき「校庭で元気に遊ぼう」が採用され、それに対して担任の教員がかなり気に入っていたことが子どもたちに伝わった。それ以降、いつも出てくる意見は「校庭で元気に遊ぼう」だけになり、もうそれでいいじゃないか、という雰囲気になっていった。雨の日には、「教室で元気に遊ぼう」になった。さすがにひどいワンパターンなので、教員はやや怖い感じで、「もっと他にないのか」と迫ってくる。そもそも休み時間をどう過ごそうが各人の勝手に決まっているのであり、そのことを子ども自身がよく理解しているのだ。それに対して、外側から、強制的に共通の目標をかかげさせ、共通の行動をとらせようとした強引さに、子どもたちは反抗していたのである。

アナキズムの中には、既成秩序への反抗や反逆が必然的に含まれてくることは、このように学校の中での子どもたちの精神的な追い込まれ方を見れば、よく理解できるのではないか。

## 子どもに任せる

どんな学校も必ず、理想とする子どもの姿を目標として掲げている。たとえば、「よく考える子」「思いやりのある子」「ねばり強い子」「進んで体を動かす子」「明るく元気な子」など、インターネットでいろいろな学校のホームページを見てみれば、実に多様な「目標」を知ることができる。その一方で、多様なのだが、そこに一定の共通点が見出せることもおもしろい。[☆91]

これらの目標は、まったく必要がないと感じるが、せめて学校全体の目標だけにとどめ、各学級での独自の目標設定はしなくてよいのではないか。というよりも、教員は決められない、と思ったほうがいい。教室は子どもたちの時空間なのであり、その動きに任せておけば、何か自分たちで共有できる目標を持ちたいという希望も出てくるかもしれない。もちろん、出てこないかもしれない。

再び個人的経験を例にしたい。高校卒業にあたって、卒業文集をつくるかどうかを生徒たち自身で決めることになり、話し合いの結果、文集はつくらない（いらない）ということになった。すると、ある教員が、本当にそれでいいのか、安易に流れているのではないか、つくっておいたほうがきっと後になって思い出になる、といったような内容で生徒を説得し、最終的に作成することになった。個人的には、納得したというよりも、「この先生がそこまで言うのだから、つくらないと悪いような気がした」からである。何を書こうかと考え、書いていく過程自体は楽しかった。しかし、卒業時にもらってパラパラと読んだだけで、結局、その後一度も開くことはなく、数年後には、どこにいってしまったのかわからなくなっていた。つまり、自分たちの判断は正しかったのだと思う。文集は、「いらなかった」のである。

いろいろとこれまでの習慣にはないようなことを子どもたちは好き勝手に言うけれども、それは「いまのうち（子どものうち）」なのであって、物事を理解し始めれば、きっと「落ち着いてくる」だろう、と大人たちは語る。「生徒」たちは、まだ自律していないのであって、そのうち「落ち着く」、つまり「動かなくなる」というわけである。だから、いまは文集なんていらないと

---

☆91　ちなみに、わたしの家の近くの小学校には「自分で考え、自分で決める、主体的に行動しようとする子ども」と書かれた横断幕が掲げられている。本書でこれまで検討してきたことをふまえると、この内容は、表面上はともかくとして実質的には、学校がもっとも推進していない子ども像である。この内容通りの学校であってほしいと思う。

言ってはいるけれど、そのうち、昔を懐かしむためにも必要になってくるのだ、大人の言うことは聞いておくものだ、といった感じだろうか。

しかし、これは子どもも大人も含めて、すべての人の生活基盤を破壊する残酷な思考である。なぜなら、「動かなくなる」ことが成長の証のように語られているからである。「好き勝手なこと」を言うのは、子どもばかりではない。大人だって言う。しかし大人が言うと「いい大人が何を言っているんだ」とあきれられる。何も考えずに、慣習に従っていればよいのだということであり、これは、学校教育を経験した者全員に求められる理想的人間像となっている。しかし、考え、発言することは権利である。結局、この権利を抑え込むのが、現在の学校の最終的な目標だということになる。

生きていれば、それを望むかどうかは別として、必ず「流転」する。常に考え、意見を発信し、交流し、そこからその時々にふさわしい秩序が生まれてくる。これを積極的に位置づけてくれるのがアナキズムである。だからアナキズムには権利論が組み込まれているのである。アナキズムは、生活の実相に即した、無理のない生き方を支持してくれる。学校が形成しようと目指している「個人」の姿は、不自然であるばかりではなく、実は、権利侵害にもつながっていくのである。

したがって、学校は、その時々の子どもたちの判断（動き）に任せることを中心に運営されることが権利論としても正しいし、実態としても、そのほうがうまくいく。大人もそうであるが、子どもも、自分の生活を基盤としてものごとを考えるのが普通である。それを「未熟」だと判断し、好きなことを言ったりやったりできるのも「いまのうち」だというのなら、その「いまのうち」にどんどん自由に動いてしまえばよい。あるいは、子どもの発想は自由でいいなどと言って子どもの理解者を装う賞賛言説で油断している隙を狙って、創造的な「流れ」をつくってしまう。

つまり、あらかじめ確定された一定の秩序にはおかまいなしに、まずは自分の思いのままに動いてみる。すると、いろいろな価値観がぶつかり合う。その中から、学校の想定にはないような、相互に支え合う関係性がつくりあげられていく。そういうアナキズムの行動原理こそが、自由で安心できる学校環境を確保していくことになる。いま流行の言葉を使えば、持続可能な学びを確保することになるのではないか。

これは、子どもたちによる「自主管理」というイメージと重なるところがないわけではないが、やはり、それとは異なる。それを学校における「時間」のあり方を例に考えてみたい。

学校のチャイムの音（キンコンカンコンというおなじみのあのリズム）は、多くの人をノスタルジックにする。ある種の共同体の中に包まれ、そこでの共通体験について語り合いたくなってしまうかもしれない。かつて教会や寺の鐘の音が一定の地域の共同性を形づくっていたように、学校のチャイムは、そこでの「体験」がかなり異なったものであったとしても、仲間意識を感じさせる側面がある。良い思い出も悪い思い出も、あの音によってよみがえってくる。

しかし、なぜチャイムが必要なのか。それは、時間を管理することを通して、子どもたちに規則的な行動、同種の行動をとらせるためである。子どもたちの「はみ出し」を禁止するためである。学校では、文字通り「時間割」によって日々の生活は進行していく。時間は、各種の専用の時間に分割されており、それをはみ出してはいけない。「遊びの時間」が終わっているのに、いつまでも遊んでいてはいけないし、遊びの時間に入っても漢字練習をしていてはいけないのである。「はみ出す」場合は、何らかの罰（あるいは、嫌がらせと言ってもいい）が与えられていると きである。たとえば、宿題をしてこなければ、「遊びの時間」が始まっても、教室に残って勉強していなくてはならない。また、食べる速度が遅く、「給食の時間」が終わっても食べ終わらない子どもは、「掃除の時間」になって埃の舞う中で、教室の隅に寄せられた机で食べていなければならない。

このように「時間」は子どもたちを（そして、実は教員たちをも）追いつめている。アナキズムにとって、この「時間」への抵抗は欠かせない。本来、誰も自由には扱えない、どうとらえてよいのかさえ科学的・哲学的に大問題である「時間」に対して、はじめから意味と価値を与え、その枠内での行動を強制するのだから、これ以上の権力行使はない。それによってつくられていく「秩序」は、抑圧と同義である。時間を区切り、そこに「数学の時間」などといったラベルを貼り、その時間内で一定の成果をあげるよう求められる。これは、生きることそのものへの強烈な侵害である。それなのに、この時間管理を象徴するチャイムの音に、わたしたちは、遠い目になり、静かな笑顔さえ浮かべて、抑圧的生活を余儀なくされていた時代を懐かしく思い出すのである。

ところが、このように学校にとって大切であるはずのチャイムをなくす取り組みをしている学校がある。しかも、それほど珍しくなくなってきているようだ。これは、アナキズムにとって朗報かと思いたくなるのだが、実はそうではない。子どもたちの自由を保障するものではなく、事態をもっと悪い方向に進めてしまう実践なのである。なぜなら、チャイムをなくすことによって、他者から時間を知らされなくとも、自分でしっかりと時間管理をする習慣を身に付けさせるためだからである。この目的を知ったときのわたし自身の驚きと落胆は、かなり深刻であった。チャイムがなくなることで、わたしは、「今日はひたすら図書館で歴史の本を読むぞ〜」とか、「カーブを投げる練習を徹底的にする！」といったようなことが実現するのかと思ったからである。ようやく時間を気にせずに過ごせる学校ができてきたんだなぁというわたしの希望は、このノーチャイム実践校からしてみれば、まるで馬鹿げたものに感じられるだろう。

## 「従属性」を高める教育

わたしはこの本を通して、「子どもに任せる」ことをアナキズムから得た教育的意義として実践論的に展開していけないだろうかと考えているのだが、いまの学校というフィルターを通すと、「任せる」の意味が変質してしまう。つまり、外側から当てはめられた枠組みを、子どもたち自身が自ら進んで維持していくことが期待されており、それを「子どもに任せる」と呼んでいるのである。そして、そのような実践が、子どもたちの「自主性を育てる」教育とされていく。つまり、自らを抑圧していく「まなざし」を自らの中に植えつけ、習慣化するということである。これは、子どもたちの「従属性（隷従性）」を高める教育である。従属性を高めれば、学校（教員）は直接指示せずとも、子どもたち自身が、進んで自らの自由を捨て去る行動をしてくれるわけである。実に手間の省ける「個人」の誕生である。

チャイムという「音」に反応して一定の行動をとることから、「パブロフの犬」を連想した人も多いはずである。しかし、子どもたちは、いまやその「音」さえも必要なく、暗黙の指示通りに動くのである。そこでは、自分自身の思考や行動が、自分の意思とは関係なく方向づけられているのだが、それに気がつかないようにさせられている。むしろ、チャイムがなくとも「時間を守って」動くと教員からほめられるのだから、子どもたちによる「自発的隷従」は確実になっていく。このような子どもの姿を、学校は、自立した子どもとして高く評価していくことになる。

こんな恐ろしい世界が広がらないようにするには、どうしたらよいのだろうか。まずは、あきらめずに、チャイムをなくすことは時間の分割をやめることだと認識していきたい。現実的にチャイムが鳴らないのだから、その利点を活かしたい。与えられた時間を生きるのではなく、時間を自らのものにする感覚を取り戻すのである。

子どもに任せれば、ズルズルと「無駄」に時間を費やしてしまうと大人たちは心配するだろう。

時間を分割し、それぞれの「時間」に固有の目標を定めていけば、確かに「無駄」という概念が成り立つかもしれない。

しかし、時間を客観的に固定したものととらえることは、わたしたちの日常的感覚から判断しても、間違っている。本来はわたしたち自身がその生活の中で時間を支配すべきである。第1章の最初で紹介したユクスキュルは、「時間なしに生きている主体はありえないと言われてきたが、いまや生きた主体なしに時間はありえないと言わねばならないだろう」[☆92]と指摘している。つまり「時間」を各人に任せることになるのだが、そうすると、「時間にルーズになる」のではないかとの反論が出てくる。しかし、むしろ、その反対である。自分の論理で、そして、それを基になんらかの行動をしようとするときには、すでに述べたように、他者や生活環境との間での調整・交渉が必要になってくるからである。「ルーズ」になっているどころではなく、「いま」を大切にし、そして自分が楽しく生きることで充実していくはずである。

それでも保護者の心配は尽きない。うちの子は「ずっとゲームばかりしている」と嘆く保護者は多い。しかし、その子はいま「ゲームをしている」のである。

---

☆92　ヤーコプ・フォン・ユクスキュル、ゲオルク・クリサート／日高敏隆・羽田節子訳『生物から見た世界』岩波文庫、2005年、24頁。

ある子どもの例をあげたい。その子は釣りが大好きで、中学1年生のときに釣り竿を買ってもらってからは、ほぼ毎朝、4時には起きて近くの川で釣りをする。学校に行くと眠くなる。成績は上がらない。夕方から塾に通うようになったのだが、釣りの話はするけれど、まったく「勉強」はしない。学校で「ついていけていない」状態は塾でも同じであった。中学3年生になり、まわりは受験の話題ばかりになっていく。だんだんと友だちと話が合わなくなっていく。2学期末になって、ついに、希望通りの高校進学がかなり難しい状況であることを学校から告げられる。塾の壁に貼られた、偏差値ごとに高校が並べられている一覧表を見ながら、「あ～あ、もっと勉強してればよかったなぁ」と、彼は言ったのである。こんなに滑舌よく語られた、はっきりとした後悔の言葉は、そう簡単に聞くことはできないだろうと思う。

わたしたち、とくに保護者は、これを恐れるのである。だから、しっかりと「逆算」して、計画的に勉強しなければならないのだと、この例を教訓として、そう考えるはずである。しかし、この子は、3年間、徹底的に釣りをした、ただそれだけである。そのことが、なぜ後悔を生むことになるのか。いったい「いま」とは何なのか。夢中になってどのような時間を過ごしているかということが、教育を受ける権利保障を左右してしまう、その現状をもっと批判し、その不当性を告発していかなくてはならない。

釣りが大好きな子どもは、なぜ「後悔」しなければならなかったのか。単純に言えば、それは、高校に行って学ぶためには、入学試験を経なければならないからである。当たり前のことを言っていると思われるかもしれない。しかし、これは、制度上の大きな課題なのである。国際的には、後期中等教育（日本では高校段階に相当する）は、権利としてすべての人に保障されるべきとされており、これをふまえれば、進学希望者は、全員、高校教育にアクセスできる制度でなければならない。つまり、日本のように、高校教育の機会の享受に、かなり選抜性の高い入試というハードルを設けていること自体が問題なのである。[☆93] たとえば、フランスのように高校の1年目までが義務教育期間である国では、当然ながら、高校入試は存在していない。他の国でも、受験がないか、あっても簡便なものにしている場合がある。また、いま盛んに言われているSDGsの目標の中にも、すべての子どもが自由で公平な、そして質の高い初等教育および中等教育を修了できるようにすると謳われている。さらには、国連の社会権規約において、大学まで含めて教育費の無償が目指されるべきものとして規定されている。これらは、すべての人の教育へのアクセスを実質的に保障するための施策である。したがって、本来であれば、入試の存在自体が権利保障制度を構築するうえでの障壁として問題にされるべきものなのである。

---

☆93　これに対しては、通信制等の方法があるのだから、アクセスに問題はないとの意見がある。もちろん、通信制等をはじめから希望しているのならよいが、そうでないなら、ある特定の方法でしか後期中等教育にアクセスできない子どもたちを想定することは権利侵害と言わざるを得ないだろう。なお、通信制高校も規制強化により、その「質保証」が厳しく問われている。通信制をやめていく生徒も増えている。

では、これまで、受験制度の正当性はどのように語られてきたのか。もっとも典型的な説明の仕方は、「適格者主義」と言われるものである。高校で学ぶためには、それにふさわしい「能力」が求められる、というものである。しかし、権利行使しようとする者の「能力」を問い、その権利に一定の制限を加えることがなぜ可能なのか。しかも、権利行使を認めてもらうための「能力」の形成は、逆算の思考で、計画的に「従属」することによってなされるわけなのだから、子どもたちは、学校の枠組みから逃げ出すことはできない。

学校制度は、子どもたちから時間をいったん奪い、それをどう使用しなくてはならないかを指示したうえで子どもたちに戻し、その指示通りに時間を過ごしたかどうかをチェックしていく。そして、そこで得られた成果を査定して、将来の生き方が決められていく。しかもその成果は、指定された期限内に達成されなくてはならない。釣りを十分に楽しんだ後、さて、いよいよ英語を勉強してみようかなと思っても、「もう遅い」のである。学歴を高められないことにより、生存権さえ奪われかねない罰（社会生活上の不利益）が待っている。これはかなりの「恐怖」ではないだろうか。アナキズムは、これに抵抗する。子どもたちに任せることによって、子どもたちを学校的学びのあり方から解放し、かつ、学校も恐怖をもたらす怪物にならずに済むのである。

## 学校は社会ではない

釣りが大好きだったその子が、果たして学校以外では、どんな人間関係の中にあったのか。きっと、釣り仲間がいたはずで、そこでの年齢構成は多様だったはずである。それは、学校のような不自然な集団ではない。おそらく、かなり「豊かな」関係の中で、さまざまな釣りの技術交流もあっただろうし、いろいろな相互扶助も体験していたはずである。まさに、アナキズムを実践していたのではないか。

教育学では、学校と地域との連携という言葉がよく使われる。漠然と、子どもたちの教育に地域も積極的にかかわるという意味で理解されていることが多いのだが、しかし、地域での多様な人々のつながりが学校の中に入っていくというわけではない。「地域」は、あくまでも学校が達成すべき目標に協力する役割を担う、いわば補完的位置づけである。「補完」というよりも、かなり積極的な貢献が求められると言ったほうが正しいだろう。とくに教育行政側が地域の機能を活用しようとするときには、このような性質が強くなる。

したがって、釣りを通してせっかく築いた関係までもが、実質的に解体させられてしまう。親ばかりではなく、地域の大人たちからも、「釣りばかりしていないで、ちゃんと勉強しなさい」

と、きっと何度も言われたはずである。そして、その反対のこと、つまり、「勉強するのもいいけれど、好きな釣りをもっとしっかりやりなさい」とは絶対に言われなかっただろう。もし、これを言える大人がいたとすれば、その人はアナキストであり、とても素敵な存在であるはずだ。しかし、現実は、子どもへのかかわり方は、学校で成功するかどうかといった観点から判断されてしまう。☆94

こうなってくると、子どもたちの感覚が逆転していく。不登校を経験した人が、当時を振り返ってつぎのように述べることがある。「早く学校に行って、社会復帰しなければと思っていました」と。その焦る気持ちが自分を追い込んでしまい、悪循環になっていくとも語られる。しかし、学校は、むしろ一般社会から隔絶された時空間である。前章でみてきたように、将来、「社会」に出て困らないように子どもたちに特別な訓練を施すところである。教員の「社会に出てから困るぞ」という決まり文句の中に、すでに学校の性質が言いあらわされている。学校にいる状態は社会に出ていないことなのだから、学校は「社会」ではないと認めていることになる。☆95

つまり、学校から出ることが「社会復帰」なのである。子どもたちは、社会の中で生きている状態からいったん引きはがされ、「社会に出るための訓練」を受けるべく学校に入れられる。そして、その訓練を経て、再び社会に戻る、ということになっている。したがって、復帰すべき先は、学校ではない。学校に行っていることのほうが、特別なことなのである。ところが、子どもたちは、学校に行くことで「社会」とつながっていると意識させられている。だから、学校に行っていないと不安になる。

しかし、その逆が正しい。学校に行っている状態こそ、「社会」から離れてしまっているのである。子どもたちは、それぞれを取り巻くさまざまな関係の中で、すでに社会生活を送っているのに、なぜ、わざわざ学校に行って「準備」しなくてはならないのか。あまりに理不尽な慣習（それが校則となっている場合もある）と不自然な集団があり、本当に「社会に出るための準備」なのかと疑いたくなる学校に。

一方で、「学校は小さな社会である」という言い方もある。「社会の縮図」であるとも言われる。確かに、人が集まれば、そこにはいろいろな関係ができるのだから、学校で過ごすことで、一般の社会で起こっているような出来事も経験することになるだろう。しかし、学校は、「本物」の社会ではないから、練習のような感覚で、「社会に出てから必要なこと」をいろいろ学んでいけ

---

☆94　学校と地域との連携に関しては、地域の人たちが学校に入っていくというよりも、学校（子どもも教職員も）が地域に出て行くという発想をしたほうがよいのではないか。つまり、自分たちが住んでいるこの地域社会をどう理解し、どう創っていくかを教育課題としていくという意味で、両者の連携を考えてみるということである。あえてカリキュラムとして考えれば、いわば「教育内容の地域化」と言えるかもしれない。

☆95　近代の学校は、刑務所、軍隊、病院などと同様の性質をもつ。人々を閉じ込め、専門性の名の下に、良しとされる目標に向けて、個人の意思とは関係なく訓練が施される。拙著『学びの本質を解きほぐす』（新泉社、２０２１年）の第５章を参照されたい。

る、ということが「縮図」としての存在意義なのかもしれない。あくまでもいまの社会への適応に向けた準備の場なのだから、社会でのいろいろな矛盾などをそのまま前提としたうえで、子どもたちは、それにどう適応していくか、その中でいかに困らないように生きていくかを考えることになる。だとするなら、そもそも子どもたちは最初から社会で暮らしているのだから、わざわざ学校で「疑似体験」のようなことをさせる必要はないのではないか。[☆96]

確かに、「不登校」になることで社会から離れてしまった感覚になるのも、ある程度は理解できる。しかし、学校はあくまでも「小さな社会」なのであるから、むしろ、学校に行かないことで「本物」の社会との接点が増えると考えることもできる。それなのに、学校に行かないと社会からはじき出されたと勘違いしてしまうくらい、学校の価値は大きいのである。「不登校だと、社会的経験が少なく、そのことで劣等感を覚えてしまう」という語りもある。これもまったくの勘違いであることは、冷静に考えればすぐにわかるだろう。学校に行っているほうが、人間関係の幅が狭くなる。先述の釣り好きの子は、釣りを通して、多くの人々と出会い、いろいろな経験をしたはずである。これと同様のことで、通信制高校に在籍している者は社会経験が乏しいと認識している人もいる。むしろ、逆なのではないか。いずれにせよ、きわめてあいまいな「社会経験」とか「社会との接点」などといった語り方が無反省的に使用され、かつ、その説明でなんとなくみんなわかったような顔になることのほうが恐ろしい。

もちろん、学校も、広く言えば全体としての社会の中に位置づけられるのだから、ひとつの人間関係形成の場だと言える。しかし、学校はいまや人間製造工場と化している。そこを優秀な成績で通過しなければ、社会生活ができないと信じられている。わたしたちは、学校に行こうが行くまいが、最初から社会生活をしている。それなのに、学校に行かないことが、まるで道徳的に悪いことのように感じられるのは、なぜなのか。すでに述べたように、生存権を人質に取られたような状態が、わたしたちを精神的に追い込んでいるからだろう。もっと感覚的なレベルで言えば、単に、学校に行くことが「普通」だからである。

解答になっていないと思われるかもしれないが、この「普通」は、多くの人がそのように行動するという意味であり、それが単なる数量的な意味を超えて価値づけされ、そして道徳あるいは常識にまでなることで、もはやその理由を問う機会を喪失している点が問題なのである。感覚が完全に麻痺し、わたしたちは、考えることをしなくなっている。考えなければ「動き」は発生しない。学校が望む「安定」した状態がつくられていく。第1章で確認したように、わたしたちは、信号機の指示には、何も考えずに従わなくてはならないと思い込んでいる。これが、学校が教育

☆96 社会はさまざまな問題にあふれ、楽しいことばかりではない。というよりも、つらいことのほうが多いかもしれない。そのような社会生活の「縮図」が学校なのだとすれば、わざわざそんなところに行こうとする気持ちになれないのは普通である。「不登校」は、子どもたちによる正直な反応のひとつと言える。

によってつくりあげようとしている人間像を象徴している。しかも、それが道徳的に正しい人間である、とされる。信号機の指示を意識しつつも、自分で状況を判断して行動を決めようとするアナーキーな発想は排除しておかなくてはならないのである。

釣りが好きで学校では寝ていることが多い子ども、不登校になっている子ども、これらは学校にとってはとても危険な存在なのである。子ども本人が意図していなくとも、自分のペースで学校を相対化しているからである。「寝ている」ことも「不登校」になったことも、現状の学校による価値観の支配構造の中では、後悔や劣等感として表現されるのだが、実は、学校の存在を自分の世界に引き込んだ生き方をしていることを象徴的に示しているのである。学校の意図に飲み込まれていない、つまり、「自分の生活」が中心に置かれているのである。考えてみれば、実に自然な生き方である。

学校は、このようなアナーキーな生き方をなんとかして排除しなければならない。だから、彼らの行動を道徳的に低い位置に落とそうとする。釣り好きの子どもの「後悔」の弁、そして不登校経験者の「社会復帰」発言に見るように、いまのところ、学校はアナキズムとの闘いに勝利しているかに見える。しかし、そもそも学校は、闘う必要はなかったのであり、闘ってはいけなかったのである。闘うことによって、子どもたちだけではなく、教員自身をも苦しめることになっているのだから。

## 学校がつくった虚構の社会

人が集まるところなら、どこでもアナキズムが発生する。それが生きていくためには不可欠であり、自然なことだからである。学校も、例外ではない。しかし、これまで学校は、それを否定しようと、一生懸命に「社会的虚構」をつくりあげようとしてきたと言えないだろうか。☆97

たとえば、多くの人は、「忘れ物」や「集団行動」をめぐって、「社会に出たら誰も助けてくれないぞ」と教員から指導されてきた。しかし、それは、事実ではなかった。実際には、みんな助け合っている。「学歴があれば、将来の選択肢が広がる」というのも、事実ではない。そもそも雇用情勢は、国の経済政策や国際情勢の影響を大きく受けているのであって、個人の学歴で左右されるような簡単なものではない。つまり、学校が想定するような社会は、実際には存在してい

☆97 フェルナンド・ペソア（ポルトガル、1888－1935年）は、「社会的虚構」をキータームにして、アナキストを自称する者が、銀行家であり大実業家になっていく作品を書いている。自由を求めて自分の行動を論理的に展開させていくと、いつの間にか、現状のブルジョワ社会における金銭支配の下での自由を求めることになってしまった皮肉を描いている（近藤紀子訳『アナーキストの銀行家』彩流社、2019年）。

ない。しかし、教員からの「脅し文句」で育った子どもたちは、「社会」というのは弱肉強食の恐ろしいところだとイメージしてしまう。そう教えられたのだから、実際に「社会に出た」ときも、食うか食われるかの競争的環境をつくりあげようとするだろう。誰も助けてくれない、そういう社会に適応するようにと言われてきたのだから、誰も助けようとはしない。

ただ同時に、学校で「道徳」として言われてきたものとのズレも感じるはずである。しかし、現在のところ、「実態」よりも「虚構」の力のほうが強い。むしろ「虚構」こそが現実なのであって、相互扶助や権力関係のない秩序形成といった「実態」は、理想ではあっても、一部の小さな範囲でしか通用しない例外的な姿である、と認識されていく。☆98

第1章や第2章で確認してきたことをふまえれば、学校が子どもたちに伝えようとしている社会観は、人間の生き方としてはあまりに不自然であり、生存という現実的な課題にもうまく応えられない。自分の意志で自由に生きられず、しかも生命さえ守られないような社会をつくるために、学校は子どもたちを教育していたのだろうか。実際の社会では、相互扶助が当たり前のように生活を支えているのである。

アナキズムが求める社会（人々のつながり）は、単純に言えば、「自由な社会」である。それは、自分の意志が中心にすえられ、誰かに従うことを強要されない「つながり」の中で生きていくことである。これは、人間にとって、ごく自然な状態ではないだろうか。そして、それはけっして難しいことではない。学校も、人々が集まるひとつの「社会」であるととらえるならば、現状の競争主義的な「社会の縮図」であろうとするのではなく、「自由な社会」であることが、むしろ「縮図」としての学校の自然な、本来的な姿だということになる。

ところが、学校は自らを近代的「個人」の養成のために、外の世界と隔絶された特殊な場所にしておく必要があると考えている。したがって、無理に無理を重ねた不自然な時空間になってしまった。「隔絶」されているため、憲法で保障されている基本的人権さえ、実際には、校門を入っていくことができない。厳しい校則がそれを象徴している。学校は、自分がやらねばならないと思い込んでいるものによって、がんじがらめに縛られている。同時に、子どもたちも縛りつけ、どう生きていくか、自分で考えるすべを奪ってしまっている。

では、学校が必死になって成し遂げようとしている「虚構」づくりを、いったい誰が求めているのか。言い換えれば、格差、差別、搾取といったことを正当化しようとしているのは、誰なのか。

---

☆98 かつて英国首相サッチャーは「社会なんてものはない」、つまり、頼りにできる社会はなく、みんな自己責任で生きていくのだと言った。反対にジョンソン元首相は、自身が新型コロナウイルスにかかり、医療従事者にケアを受けて助けられた経験と、皆が一致団結してコロナ禍に対応したことにふれ、「社会はある」と述べた。現在の学校が想定しているのはサッチャー的社会観である。

「誰なのか」と表現してしまうと、政治家のような特定の個人、あるいは、財界のようなあるカテゴリーを想像してしまうが、おそらくそうではないだろう。それは、わたしたちひとり一人なのだろう。自覚するしないにかかわらず、わたしたちは、いろいろな場面で「虚構」を支え続けている。「虚構」を実態であるかのように思い込もうとしている。わたしたちは、学校と一緒になって、アナキズム的「自然」が顔を見せるたびに、それを抑え込もうとしているのではないか。

要するに、わたしたち自身が、アナキズムが描く社会や生き方を受け入れることができるかどうかが課題だということになる。「受け入れる」というよりも、アナーキーな場面は、日常生活に遍在しているのであるから、それをただ見つめればよいのである。そのとき、いまの学校が前提としている競争的社会像が、無理な虚構であるとわかるだろうし、したがって、その虚構を維持しようとする動きには抵抗していくことになるだろう。そして、その抵抗は意外に簡単であり、すでに子どもたちによって繰り返されている。競争的社会像は、学校が必死になって維持しようとしないとすぐに崩れてしまうような脆いものだということは、子どもたちのアナーキーな行動が証明している。不登校（登校拒否）は、そのもっともわかりやすい例だろう。学校がいくらがんばっても、学校に子どもが来なければ、何もすることができない。だから、不登校特例校などをつくり、子どもを学校の枠内に連れ戻そうとするのである。

## 「そろっていないこと」から始まる

では、アナキズムによって、学校はどう変わるのか。

まず、「そろっている」必要がないというだけで、学校はかなりの無理とそれによる負担を解消できる。整列させる必要もないし、行進も必要がない。そもそも行進がなぜ必要だったのか理解しがたいが、おそらく他者と動きをそろえる練習だったのかもしれない。もちろん、なんでそんな練習をするのかは不明だが。あるいは「一体感」の創出ということかもしれないが、どうして「そろって」いると、あるいは「同じ」だと一体感が出るのかは説明されない。一体感があるとは、外から見ると「ひとつ」に見える、つまり、まるで個性のない、みんなが全体のパーツになって動いているということなのか。しかし、「全体」は、みんなが同じであることで形成されるものではない。

学校行事のかなりの部分で「練習」も必要なくなる。運動会の練習は、ずいぶんとやらされた記憶があるが、練習しすぎると、当日、練習通りにできるかどうかが気になってしまい、まったく楽しめなかった。ハプニングが起こっても、みんなが自由に動いていれば、案外楽しく過ごせるものである。さらには、教室内の座席も決める必要がない。自然と、ゆるやかに固定されてはまた解体していくのだから。

いずれにせよ、ここで重要なことは、「そろえる」ためには、強い権力作用が必要だということを認識したうえで、それを否定するアナキズムの生き方を、自然なこととして受け入れる（見つめる）ということである。そうすれば、そこで生活する者の必要に応じて、もっとも都合のよい秩序がそのつど形成されていく。学校は、これまでのように、わざわざ「権力による支配」の構築に力を注がなくてもよいのである。

「時間」についても、学校は「そろえる」ことに必死であった。これについても、気を使わなくてよくなる。チャイムをなくして、本当の意味で時間の区切りをやめることになる。いつでも学べるということを重視しようとすれば、冗談のようだけれど、教員の交代制で学校を24時間オープンにするということだってありえる。けれども、実際にはそうはいかないので、少なくとも、カリキュラムと学年との対応関係をゆるやかにとらえていければよいのではないか。そのためには、学年と年齢との一致にこだわらないことが前提となる。学年で学習内容を区切らずに、たとえば、小学校6年間、あるいは義務教育期間の9年間で予定されている内容が提示されていれば、それでよいように思う。

もちろん、提示されたからといって、それは子どもたちからの希望に基づいたものではないので、その内容にどう対応するかは、子どもたちに任されることになる。そもそも学ぶ内容も、学校から提示されているものだけに限る必要もない。この場合、現実的には、教員との相談が必要になってくることはあるかもしれないが、あくまで主体は子どもである。

一日の予定も、1時間目、2時間目といったような区切りはせずに、毎日、子ども自身が何をどう学ぶかを決めて、自分の好きな時間幅で活動していくことになるだろう。先に「24時間オープン」などといった、現在の働き方改革の流れにあってはけっして推奨されないことを書いたが、これは私が子どもだった頃の願いでもあった。いまでもそうだが、いわゆる「宵っ張りの朝寝坊」だからであり、思い立つと徹夜で何かをつくり始めてしまったりしていたので、いつでも学校に行っていいなら助かったなぁと思うからである。学校には、いろいろな道具がある。それを自由に使いたい。実際には、夜中に学校に行こうとは思わないかもしれないが、少なくとも、日のあるうちなら何時に来てもいい、といったくらいの幅があれば、もっと楽しく学校に行けたはずである。こうなってくると、これまでのような固定した学級のイメージも崩れてくるだろう。

また、相互扶助というアナキズムの特徴に着目すると、学校はどうなるのか。単純に言えば、困っていれば誰かが助けるという単純な原理に任せるということである。これによって、秩序形成もなされていく。しかし、これを疑う大人はたくさんいる。子どもたちを見ていると、助けないことだってあるではないか、と。それは、現状においては、当たり前である。教員が、暗黙の裡に、助けてはいけないと言っているからである。教員は、子どもに対しては権力者なのだから、「言っている」ではなく「命じている」が正しい。そんな状況下では、お互いに助けないに決まっている。権力関係を否定するのがアナキズムの特徴なのだから、その前提があれば、それぞれが対等な立場で助けることが当たり前となるだろう。子どもに任せるとは、子どもを信じるということである。そんなに自分の子どもが信じられないのだろうか。

権力関係がなく、子どもに任せ、相互に助け合うという関係ができれば、本当に安心で安全な教室となる。このことは、障害の有無にかかわらず、「ともに学ぶ」インクルーシブ教育の実現につながっていく。「そろっている」ことに価値が置かれていないのだから、子どもたちは、みんなそれぞれのあり方で教室にいることになる。学習の理解や移動などの場面で困難があれば、子どもどうしでそれを解決していく。これは、「障害児」も「健常児」もともに普通学級ですごしているところでは、いまでもごく普通に見られることである。アナキズムによって、このことが、これまで以上にありふれた風景になる。

## わがままから始まる「共生」

ひとつ注意が必要なのは、このような「共生」を道徳的に理解してはいけないという点である。そもそも学校は、何でも道徳で説明しようとする癖があるので、警戒しておかなくてはならない。みんなが助け合うことについて、道徳的にどのような価値が語られることになるのか。大きく二つあるのではないかと思う。

まず、「共生」するには、「仲良く」なければならないという道徳である。むしろ、「仲良く」の強調が、「共生」を難しくしている面があることは、前章で確認したことからも推察できるだろう。学校は子どもたちに「仲良く」することを求めるのだが、仲良くないと一緒に過ごせないのでは、それは「共生」とは言わない。人は誰とでも仲良くなれるわけではなく、嫌いな人だっている。これはまったく自然なことであり、「みんな仲良く」は、学校がやりがちな「不自然」の典型例のひとつである。無理やり仲良くさせようとすれば、当然、わざとらしくなるし、関係がうまくつくれない。教員が見ている場面でのみ仲良くしているように装うことになる。こんな手間をかけなくても、つまり「仲良く」を媒介しなくても、子どもたちはともに過ごすための工夫をしていく。「仲良く」を「共生」の条件にしてしまうと、仲良くない者とは一緒に過ごさないということになる。好きか嫌いかといった人の感情によって、安全が確保されたり、危険な状況になったりしたのでは、安心して生きていけない。

もうひとつの道徳的語り方は、いま述べたような「好き嫌い」を言ってはいけない、誰に対しても、やさしくして、助けてあげなさい、という道徳である。現在の学校は、多くの出来事を道徳的に位置づけようとする不思議なフィルターをもっている。したがって、たとえば、修学旅行で寝坊しそうな子を起こすのは、やさしさからではなく、起きてくれないと自分が楽しみにしている場所に行けなくなるからだ、という動機がほめられることはない。

しかし、その行動が、他者から「やさしく」見えるかどうかは、あくまでも他者による解釈の問題なので、アナキズムにとってはあまり重要ではない。アナキズム的思考のポイントのひとつは、まずは自分本位で考えてみる、ということだろう。「自分本位」と言ってしまうと、普通は「わがまま」と同義にとらえられ、かなり否定的にイメージされる。そんな状態で果たして相互扶助が可能なのかと思われるかもしれない。

人間である限り、好きや嫌いという感情が芽生えるのは自然である。そして、そのまま生きていけるのなら、それでもよいかもしれないが、実際は、その感情のままでは生きていけない。好きかどうか、仲良しかどうかとは関係なく、自分の要求を実現するために、人はまわりの環境に働きかけ、なんらかの調整をしていかざるを得ない。これが、社会を形成していく契機となる。

これまで述べてきたように、おのずと秩序が形成されるというのは、このことである。また、それによって、自由と平等が確保される。重要な点は、全体の調和のために個人がどう動くかが課題なのではなく、個人がなんらかの目的をもって動くことで全体の調和がつくられる、という点である。出発点は「個人」なのである。[☆99]

個人がどのように考えるかということは、内面の状態を問題とする心理学の領域の話だと一般的には理解されるだろう。しかし、このこと自体が、バラバラな「個人」を想定して社会の形成を考えようとする、まさに近代的発想である。子どもは、それぞれの生活実態に支えられた「土着」の思考をする。子どもたち（に限らず人間）の「自分本位」的思考は、彼らを取り巻く社会関係にしっかりと支えられている。第1章の最初で指摘したように、わたしたちは、自分の動きを空中から眺めるように客観的に把握するのではなく、地を這うように、具体的な動きをイメージしながら考える。わたしたちの視線は、思っているよりも低い位置にあるのかもしれない。そして、この特徴は、実は人間本来の自然な姿でもある。アナキズムが、わたしたちにどこか懐かしさを感じさせるのは、そのためではないか。

アナキズムは、わたしたちに「人間」をどう見るのかを問いかけている。そして、それは「相互扶助」という言葉で特徴づけられる。この「人間とは何か」という問いに、実はある「童話」がすでに答えを出している。それは、ピノキオである。操り人形がなりたいと熱望した「人間」とは、どんな存在なのか。翻訳者の大岡玲は、ピノキオの作者コッローディがたどり着いた人間的倫理をつぎのようにまとめている。☆100

---

☆99 「アナーキズムは結局のところ個人主義の哲学であり、そしてアナーキストが人々の心を魅了するゆえんもそこにある、といえるのではなかろうか。(中略)権威と権力、また伝統、慣習、世論(中略)などに盲従する数かぎりない大衆的人間に先んじて、断乎〝ノー〟と言いうる勇気の持主こそが、結局は歴史を動かす絶大な道徳的感化力を発揮する人間である(後略)」(勝田吉太郎『バクーニン』[人類の知的遺産49]、講談社、1979年、「まえがき」8頁)。

☆100 カルロ・コッローディ/大岡玲訳『ピノッキオの冒険』光文社古典新訳文庫、2016年、360-361頁(解説より)。

神と人間の垂直的関係から発する「神の愛」よりも、「弱者」としての宿命を受けとめた上で、互いに友情や愛を持って連帯するという横断的関係に、よりコッローディらしさを感じるのである。（中略）弱き人間同士の献身や利他、友情、愛が、「人間ピノッキオ」を救うのであり、同様に彼もまた、他者を助けなければならない。

ここに、これまで述べてきたことのポイントが凝縮されているように思える。王権神授説に基づく君主から主権を奪取した「個人」は、実はそんなに強い存在ではなく、社会契約による国家との垂直的関係の中で孤立させられ、不安を抱え込むことになった。しかし、そんな弱いわたしたちだけれど、実際の生活では、相互にしっかりと支え合っている。そのことに気づかなければならない。ピノキオの物語は、そう語りかけている。

# 終章　解放とアナキズム

## アナキズム的変革への反論

「子どもに任せる」という発想は、これまでの教育論にもなかったわけではない。むしろ、それを理想的なものとして追求してきた教員は多いはずである。しかし、それを実践していくことに大きなためらいがあったからこそ、今日のような学校の姿になっているわけである。教員たちがためらってしまうのは、「自由に子どもたちに任せると、結局、強い者が支配し始める」という感触があるからだろう。

この心配は、よくわかる。だからこそ、本書はアナキズムの力を借りたのである。「結局、強い者が支配する」と考えた瞬間、話は第1章に戻る。ホッブズ的な、闘争的な社会観に立脚している限り、各人を統制する強い権力の存在を要請せざるを得なくなる。でも、実際は違うのではないか、とアナキズムはさまざまな事例をあげながら反証してきたわけである。教員が闘争的社会観をもっていれば、表面的には子どもの声を聞いて、民主的な学級運営がなされているように見えても、きっと子どもたちは、支配・被支配による人間関係を基盤にした価値観を習得していくだろう。子どもたちの嗅覚は鋭い。教員が「本当は」どういう考えをもっているのかをすぐに見抜いてしまう。

たとえば、「自分の意見を言う」ことを重視する教育実践は多い。とくに、民主主義を大事にする意識の下で実践しようとすれば、なおさら強調される。しかし、もしそれが、「ちゃんと自分の意見を言わないと置いて行かれるぞ」という意味だとすれば、どこかの段階で「声の大きい者が勝つ」という発想に近づいていってしまうだろう。つまり、「意見を言う」ことを大事にした実践が、安心して話を聞いてもらえるということではなく、「何も言わなければ、誰もお前のことなんか気に留めてくれず、ものごとはどんどん決まっていってしまうぞ」という弱肉強食の、一瞬も気を抜けない環境を肯定していくことになってしまう。この価値観が、しっかりと子どもたちに伝わっていくのである。

もうひとつ、アナキズム的に学校教育を変えていくうえでの懸念があり得る。それは、本書で述べてきたようなことは、小学校でなら可能かもしれないが、中学校や高校では通用しないのではないか、というものである。

この心配も、よくわかる。中学校・高校では、受験や就職への準備にかなりの時間を費やすことになるからである。ただ、小学校での体験が本当にアナキズムに支えられていれば、子どもたちは自分にとっての学びの意味を獲得していくだろうし、受験や就職にも対応していくだろう。アナキズムによって、子どもたちは、安心してその後の学校生活（むしろ社会生活全般）を送っていける原理を手に入れているはずである。それは、人は相互に信頼できるという確証に支えられている。

もちろん、子どもたちは、受験制度自体を肯定的にとらえるようにはならないだろうし、むしろ批判の対象として考えるだろう。しかし、今後の自分の生活デザインにとって必要なら、学びの継続のためのひとつのあり方として受験を位置づけるだろう。アナキズムを体験すれば、受験や就職活動に成功しなければ生存にかかわるなどという切羽詰まった感覚になることはない。成功しようがしまいが、みんな助け合って生きているのだから心配ないのである。かえって、落ち着いて受験のことを考えるようになるだろう。

このように述べてくると、おそらく「人がよすぎるのにもほどがある」と言われてしまうかもしれない。実際、ロシア政治思想史を専門とし、アナキズム研究でも知られる勝田吉太郎も、「一般にアナーキストたちが、余りに人間性を、さらに大衆をも高く買いかぶりすぎている、と思わないわけにはいかない」と述べている。[☆101] 主意主義であるとの評価もありうるかもしれないが、しかし、これが、アナキズムの核心部分にある倫理性と言えるのだろう。大窪一志は、アナキズムの相互扶助の問題とは、「人間に本来的に具わっている『無意識の良心』をどうやって呼び覚ますことができるかということだ」と述べている。[☆102] つまり、アナキズムは、徹底した「自由」を行動原理とする性善説の上に立っている。この点は、孟子の「惻隠《そくいん》の心」(井戸に落ちそうな幼い子を見れば、誰でもとっさに助けようとする)と重ねてイメージされることもある。[☆103] ただし、これでは道徳教育の上にアナキズムが立つことになってしまう。心のあり方で相互扶助を説明しようとすると、アナキズムから社会生活への批判的側面が抜け落ちかねない。したがって、表面的には性善説のように見えるけれども、その行為を支えている共同体のあり方に着目し、人々の横のつながりの日常性が、そのつどの必要に応じて相互扶助という行為になっていくととらえてみたい。

## 「パン」によるつながり

クロポトキンに『麵麭《パン》の略取』という著作がある。[☆104] その中で、教育について、つぎのように語られている。[☆105]（訳語が古い表現となっているが、そのままとした。）

☆101 勝田吉太郎『バクーニン』（人類の知的遺産49）講談社、1979年、7頁。
☆102 大窪一志『相互扶助の精神と実践』同時代社、2021年、28頁。
☆103 小林勝人訳注『孟子』（上）、岩波文庫、1968年、139－142頁。
☆104 金子文子（1903－1926）の『何が私をこうさせたか』（岩波文庫、2017年）の中にも、「クロのパン略」として登場している（404頁）。
☆105 ピョートル・クロポトキン／幸徳秋水訳『麵麭の略取』岩波文庫、1960年、57－58頁。

国家なき社会てふ思想は、無論多くの反対、少くとも私有資本なき社会てふ経済論が招くだけの反対を招くに違いない。吾人は一同に幼少の時から、国家を以て一種の神意として視るべく養成された。総て吾人の教育は、吾人が小学校で学べる羅馬《ローマ》の歴史も、其後ち羅馬法の名の下に研究したバイザンチン法典も、其他大学で教へられた各種の科学も、皆な政府を尊信し、神意的国家の徳を尊信すべく、吾人を習熟せしむるのである。

クロポトキンは、このようにして学ばれたものを「迷信」であるとした。そして、さまざまな学問の書が、「政府と政治社会の外には何物をもなきが如く」に信じさせようとしているとみた。しかし、それらの書を閉じて、人々の生活そのものに着目すれば、「実に政府なる者の執れる事業が、極めて微小の物なるに一驚する」のであり、「日々幾百万種の用務は、政府の干渉を待たずして為されて居る」ことに気づくと述べた。[☆106] 彼はこのような確信の下に、政府がいかに人々から生活の糧を奪っていくかを、働き方、生産や消費、衣食住のあり方などを詳細に検討しながら確認していく。そして、「自由合意」「相互扶助」といったことが人々の安心で安楽な生活を保障すると考えたのである。

ところで、ここで言われている「パン」は、生きていくための食糧という意味のみではなく、きわめて象徴的なものであり、人々が協力していくことそのものを指し示している。

小麦というのは単なる肉体の糧とは別のものだ。人間を養うのは、家畜を太らせるのとは違う。パンには実にさまざまな役割があるのだ！　われわれがパンのなかに人間同士を結ぶ媒介の役目を見るようになったのは、分かち合って食べるパンのおかげだ。われわれがパンのなかに労働の偉大さを見るようになったのは、額に汗して得るパンのおかげだ。われわれがパンのなかに慈悲の本質を見るようになったのは、貧窮のときに配られるパンのおかげだ。誰かと分け合って食べるパンの味わいは、他のなにものにも代えがたい。パンは精神を養う糧なのだ。

これは、クロポトキンではなく、サン＝テグジュペリ（仏、1900－1944）の言葉である。☆107 彼は、「パン」の中に「共同体」を見たのであり、第2章で確認してきたような近代的な「純粋な個人」などいないと指摘する。人は個々バラバラに存在しているのではないことが強調される。「大聖堂は石材の総和とはまったく別のものだ。（中略）大聖堂を定義するのは石材では

---

☆106 ピョートル・クロポトキン／幸徳秋水訳『麵麭の略取』岩波文庫、1960年、59頁。また、わたしたちは「全く虚偽な教育制度に依つて、何処に向つても政府だとか、立法だとか、行政だとかいふ者の外を見ない僻になって居る」とも述べている。したがって「若し警官が少しく目を離した日には、吾々人類は直ちに野獣の如くに相食み含ふであらうとか、（中略）渾沌の裡に陥って了ふだらう」などと信じるようになったのだ、と。（同書、168頁）。

☆107 アントワーヌ・ド・サン＝テグジュペリ／鈴木雅生訳『戦う操縦士』光文社古典新訳文庫、2018年、247頁。

ない。逆に大聖堂の方が、個々の石材に意味を与えて豊かにするのだ」との比喩は、本書で確認したアナキズム的人間観と重なってくる。☆108 パンの略取は、単純な食糧問題なのではなく、共同的精神の略取を意味するのである。もちろん、サン＝テグジュペリがアナキストであったと言いたいのではない。ただ、彼の「個々のものを分析するだけではとらえ難いなにかがある」☆109という思想は、近代化批判としても、そして、アナキズムの視点から学校という集団を検討しようとするときにも、重要なものだと言える。アナキズムにとって、つながっているという状態が、きわめて重要となる。

## 学校は何をしなければならないか

人間は、具体的などこかに「属して」いる。つまり、人々のつながり（関係）の中で存在している。しかし、学校では、近代的「個人」の育成のために、子どもたちは、自分が属している社会関係を校門より内側に持ち込めない。校内の「養成場」では、徹底して、単体としての「個人」であることが求められる。その考えや行動は、自分一人に還元され、その責任を問われることになる。そのうえで「しっかりとした」自己をもつようにと言われる。

しかし、子どもは、家族や近隣、親戚などのさまざまな人間関係の網の目の中で生きており、その時々の関係の動きの中で自分を形成している。このような環境の中で自分の存在を確認し、それを基にして他の人々とつながり、その関係を広げたり、組み替えたりしていく。こうして、動きのある柔軟な社会が形成されていく。それは、国家のような権力を伴う関係ではない。

このような発想に立ち、学校を、子どもたちそれぞれがもっている多様な関係をすべて引き受け、それらを交差させる機能をもつ場所として創造していけないだろうか。各人がもつネットワークがそのまま交わり複雑化するからこそ、多様な調整を経て、新たなつながり方が模索されていく、そういう場所として。

子どもたちひとり一人は、頭の中でいろいろな考えをめぐらせている。そのいずれもが、正直な思いであるはずだ。これに対して学校は、その子どもたちの思考内容の是非を問いたくなってしまう。しかも、それに道徳的判断（評価）を下そうとする。

学校は、外側からルールをつくり、それを守らせようとする。その結果、守られていない状況が「問題」に見えてくる。必死になって子どもたちに守らせようとする。これに対して子どもた

---

☆108　サン＝テグジュペリ／鈴木雅生訳『戦う操縦士』光文社古典新訳文庫、2018年、270頁。なお、この著作は、兵役で航空隊に属していたときの体験を基に書かれている。したがって、戦時下のナショナリズムの書として、ある種の「排他性」の正当化として読まれる危険性もある。

☆109　同前　282頁。

ちは、学校が想定するような「個人」ではなく、自分を支える人間関係をその背後にもっているのだから、それを基に考え、抵抗することができる(はずである)。

ところが、学校生活が長くなればなるほど、子どもたちは、考えることができなくなってくる。なぜなら、自分の思考を支えていた資源としての人間関係から切り離されていくからである。仮に、家庭で良しとされる価値と学校で良しとされる価値とがぶつかったときには、学校で「成功」することが将来の生活を豊かにすると信じられている限り、間違いなく学校の価値が優先されるはずである。こうして、小学校入学当初にあった「素朴な疑問」は影を潜め、与えられた環境に順応するようになる。しかし、アナキズムからわたしたちが学んだことは、秩序は外側からではなく、内側からつくられてくるということであった。権力的に一定の行動をとらせるようなことをしなくても、自然と発生してくる行動のあり方があり、それに任せることで、全体として調和的な関係がそのつどつくられていくということであった。

子どもたちは、学校の中だけで生きているわけではない。いろいろな人間関係の中で生きている。つまり、いろいろなネットワークが子どもたちを介して合流してくる場が学校である。そこでは、さまざまな「常識」が相互に衝突することになる。それを「矯正」したり「指導」したりするように働きかけてはならない。むしろ、その衝突によって、これまでの価値を相対化し、調整を経て、そこから新たな価値が見出されてくる、そういうメカニズムが作動する場として、学校はとても適しているのだから。

学校がやるべきことは、一言で言えば、「子どもに任せる」ということに尽きる。そして、これがアナキズムと教育を結びつける核心部分である。ただ、この合流（ぶつかり合い）からある種の調和が生じてくるには、かなりの時間がかかるだろう。子どもたちの年齢や特性にもよるだろうが、何人かの教員の声を聞くと、半年あるいは1年近くかかると思っていたほうがいいようだ。「そんなに待ってはいられない」という声が飛んできそうである。しかし、これをやらないと、事態は前に進まない。子どもたちは苦しみ続け、安心できない学校環境の中でじっと我慢し続けるか、その環境を飛び出していくことになるだろう。せっかく、いろんな人と出会い、いろんなことを知ることができるはずだったのに。しかし、わずか半年や1年で、安心できる環境が自分たちの内側からつくられてくるのなら、かなり楽観視していいということでもある。そのために教員が関心を向けるべきは、それぞれの子どもの実際の社会関係（生活）のあり方である。

## アナーキーな職員室に

教員がゆとりをもって働けていなくては、分量が増えてきている教育内容をこなすだけで精いっぱいとなり、子どもの「生活」に着目していくことはできないだろう。この意味では、最近の「働き方改革」も有効かもしれない。ただし、その改革が、労働時間を短くするという方向でしか考えられていないとすれば問題である。重要なのは、教員自身が、自分の仕事を教育行政当局との間の権力関係の下に位置づけていくのではなく、自律的に学校をつくっていく働き方を求めていくことだろう。教員の労働が、支配され、窮屈な状態であるのなら、その状態での労働が10時間から8時間に減ったとしても、「働き方」改革にはなっていない。☆110 アナキズムは、職員室にこそ必要な視点なのである。職員室の中での教員相互の動きの中から、自分たちの労働現場の秩序が形成されてくるような働き方改革でなくてはならない。

今日の学校は、単純な組織ではない。校長、副校長、教頭、主幹、主任等をはじめとして細かく「階層化」され、役割分担させられている。公務分掌も多岐にわたる。「チーム学校」として学校運営にあたると言われてしばらく経つが、そこでの「チーム」という言葉は、指揮命令系統が明確になっている組織のこととして使用されているようだ。職員室の中は、組織としてかなり複雑になってきているので、平等な関係での交流が難しくなってきている。

教員免許更新制度（2022年7月に廃止になった）が導入されようとしていた2007年、参議院の地方公聴会に呼ばれ、意見を述べる機会があった。そのとき、今後、学校は教員だけではなく子どもや保護者も含めて、「チーム」としてさまざまな課題に対応していく必要があると述べた。このときわたしの念頭にあったのは、フランス語の équipe（共通の課題について作業をするときのグループ、仲間といった意味で、英語にすれば team になる）という言葉であった。équi- という部分には「等しい」という意味がある（たとえば、équilibre: 均衡、équidistance: 等距離）。みんなが横につながり、対等の立場でその時々の問題解決に取り組むという意味で発言したのであって、校長のリーダーシップの下での階層化された組織をイメージしていたのではない。まさかチームという言葉が、今日のように使用されるものだとはまったく思っていなかった。命令を通すための縦の組織では、臨機応変な対応ができない、硬直化した学校になってしまう。

権力構造が、人々の問題解決にとって何ら役に立たないばかりか、むしろマイナスに作用することは、本書の中で繰り返し指摘してきた。第3章で、学校は、教員と子どもとの間に権力的支配関係を構築しようと努力していると述べてきたが、教員間には、すでにしっかりとした支配関係が制度的につくられてしまっている。これを見直していくためには、職員室にこそアナキズムの発想が必要だ、ということになる。もちろん、すぐにその組織を破壊せよというのではない。アナキズムは、権力関係によらない相互扶助を軸にした行動を大切にする。相互の関係を断ち切らず、情報を共有しながら、自然なこととして、お互いにかかわり合っていくという雰囲気をつくっていくことが求められる。

もっとわかりやすく言えば、日頃から「おしゃべりをする」ということである。静かな職員室

---

☆110　教員の働き方改革が「時間」の問題にすり替えられている点については、拙稿「給特法と教育労働を考える」（『公教育計画研究13』公教育計画学会年報第13号、八月書館、２０２２年、56－67頁）を参照されたい。

や静かな教室からは、何も生み出されることはなく、現状が維持されていくだけである。この場合の「現状」とは、支配と隷従をまるで当然のこととして受け入れていく、不自由で不安ばかりの生活を強いられる社会のことである。

## 横のつながりを

学校現場には、「黄金の3日間」という、いわば業界用語がある。新学年、新しい学級のスタート。その最初の3日間で、1年間が「うまくいく」かどうかが決まる、と言われている。教員が自分の学級運営の方針を述べ、ルールを提示し、毅然とした態度を示すことで、学級崩壊することなく、まとまりのある学級になっていくというものである。この「3日間」の重要性は、学校段階にかかわりなく、よく聞くことである。

では、この「3日間」で、何がつくられるのだろうか。それは、教員を指導者（権力者）とする上下関係（支配関係）である。確かに、これがしっかりと確立されてしまえば、教員にとっては、自らの「命令」が通りやすい「快適な」時空間となる。そして、このような「縦のつながり」をつくりあげるのは、実に簡単だということがわかる。3日間でいいのだから。もちろん、日が経つにつれて「ブレ」も生じてくるので、そのたびに「指導」が必要になる。ルールが守られているかどうか、厳しくチェックされていくことになる。

しかし、このような努力が無駄なことであるのは、第3章、第4章の検討からわかったのではないか。新しい学級でつくりあげなくてはならないのは、「縦の命令系統」ではなく、「横のつながり」である。これは、3日間では無理である。その学級で子どもたちが（もちろん教員もともに）生活していく中から、相互のつながりが構築され、そこから一定のルールが自然発生してくる状況をつくっていく必要がある。「外から」ではなく、「内から」である。

なぜ、これが大事なのか。

子どもたちは、就学前にすでに、それぞれの家庭や地域において社会生活をしている。その社会は、一定の価値観によって維持され、その中で「自分」という存在が支えられていることを知る。ところが、学校に入ると、それぞれの価値体系が同じ場所（学級）に持ち込まれることになる。先に述べたように、そこで、まず「ぶつかり合い」が起こる。しかし、そのことで子どもたちは、いままでの範囲を超えた、広く多様な結びつきの機会を得ることになる。学校の意義は、ここにある。ところが、学校は、この「ぶつかり合い」を避けようとして、最初の3日間で外側から枠を与え、相互交流が起きないように引き締めにかかる。

しかし、学級というかなり狭い時空間ではあるが、そこには実に多様な文化が入り乱れているおかげで、それらが相互に刺激し合い、これまでにはなかった集団としての新たな特性が生まれてくる可能性がある。「社会に出てから困らないように」と本気で考えているのなら、この創造的体験こそ、保障されなければならないのではないか。これは、人が生きていくための不可欠な体験である。自らが属する集団（家族等）にいるだけでは、わたしたちは生活できない。相互扶助が自然な姿であることは、本書でずっと確認してきたことである。それは、まさに学校での「ぶつかり合い」を契機として学ばれていくのではないか。

また、学校に通うようになれば、これまでには経験しなかった道を歩くことにもなる。いままでは知らなかった家の前も通るだろう。その「通学路」での出会いが、学級での出会いに加わってくる。この「道」の豊饒性も忘れてはならないだろう。「道」は、ある地点とある地点を結ぶ。そこを通る人たちは、みんないったん自分の属する集団を離れている。だから「ぶつかる」ことでもある。しかし、そこを支配する権力（たとえば信号機）がなくても、危なくないように行動し、かつ、各人の目的が達成されるように、うまく秩序が形成されてくる。ここに、あらたな相互扶助が生まれることは、すでに第1章で確認済みである。

## 「おしゃべり」なアナキズム

しかし、相互扶助は、突然起こるものではない。日頃からの横のつながりがあるからこそ、お互いに何が必要なのかがわかり、誰に何を頼めばいいのかも了解されていく。また、この経験があれば、初めて会う人に対しても、相互扶助のイメージが描ける。「助け合い」と言うと、どうしても道徳教育の必要性を言いたくなってしまうが、けっしてそうではない。とくに何かの目的で集まったり、話したりしているのではない、ごく日常の「おしゃべり」が、互いに支え合う共同体の下地をつくっているのである。これがあるからこそ、急に何かが必要になったときにも、臨機の対応ができる。このような交流の中から、結果として道徳的要素が見えてくるようになるかもしれないが、それが先にあるわけではない。

アナキズムは、人間の自然なあり方であると、これまで繰り返し述べてきた。そして、その生き方にどこか懐かしささえ感じるとすれば、それは、わたしたちにとって「おしゃべり」が自然なことだからだろう。また、それが今日では十分に保障されない状況だからこそ、懐かしく感じるのだろう。確かに、わたしが子どもだった頃の教室は「うるさかった」。職員室も「うるさかった」。何か重要なことを議論していたのではない。ただ「しゃべり」、そのことで感情が交換されていた。

いまの教室は「静か」である。みんなタブレット端末に向かっている。そもそも「おしゃべり」は、教員から注意されるもっとも典型的な指導対象である。「静かにしなさい！」が口癖の教員もいる。クラスの中では、まわりにたくさんの人がいるのに、教員から指示されるまで話し合ってはいけない。職員室も、同様である。キーボードをたたく音だけが響く。「おしゃべり」は、いつでもどこでもできなければ意味がない。

とはいっても、本当にいつでもいいというわけではない。「しゃべって」いく中から自然と節度が立ちあらわれてくる。これが、アナキズム体験である。子どもは、「おしゃべり」が好きだ。それは、音声によるものだけに限らない。身体全体で「しゃべって」いる。もちろん、「おしゃべり」のメンバーに教員も入っている。いろんな「おしゃべり（表現）」が交換されることで、教室という生活空間で起こる問題も、調整を重ねながら解決されていく。しゃべりたくなければ、それはそれで問題がないことは、言うまでもない。

アナキズムの観点から学校教育のあり方を検討してみると、少なくともつぎのようなことが指摘できるだろう。まず、教員（あるいは公教育制度）による子ども支配のための権力関係構築がいかに的外れであるかがわかってきた、ということである。そして、子どもたちは、それぞれの「生活」の中でその存在を確認され（支えられ）ているのであり、その子どもたちに「任せる」ことで、みんなが安心できる環境がつくられていく、ということもわかってきた。また、「任せる」ことの前提として、「おしゃべり」が重要であることも加えておく必要がある。

しかし、学校では、「話す」ことよりも「書く」ことに重きが置かれていないだろうか。テストをするにしても、口頭試問といったスタイルが採られることは稀で、（せいぜい入試の際に面接試験があり得るだけで）常に筆答試験の形式となる。学校は、書き言葉の世界である。書き言葉は、文法に基づく厳格な規則が当てはめられていくことで、子どもたちの発信を難しくしていく。「自然言語は基本的に話されているコードであるにもかかわらず、支配しているのは書かれたコード」[☆111]となっているいまの学校の現状を、少し変えていく必要がある。言語は、生活とともに常に変化し続けているのであり、そのことは、書くことよりも話すことにあらわれてくる。「おしゃべり」への着目は、「生活」への着目でもある。「おしゃべり」は、生活感覚の交流である。

もし、このような認識がなければ、正当とされる書き言葉の枠から、一定の子どもたちを排除していくことになりかねない。かつて、1960年代に議論を巻き起こしたイタリアのバルビアナ学校（落第生を集めた学校）での実践は、つぎのような認識をもっていた。[☆112]

正しい言語とは何かということを理解する必要がありましょう。言語は貧乏人が作り、彼らはそれを無限に改め続けます。金持は自分たちのように話さない連中をからかえるように、それを結晶させてしまいます。あるいは貧乏人を落ちこぼすためにそうするのです。

☆111　ミシェル・ド・セルトー／山田登世子訳『文化の政治学』岩波書店、1990年、139–140頁。
☆112　バルビアナ学校／田辺敬子訳『イタリアの学校変革論』明治図書、1979年、15頁。

## アナキズムの魅力

最後に、あらためてアナキズムの魅力は何か、なぜそれが学校に必要な観点なのか、考えてみたい。

もっとも重要な点は、学校が、人々の間に権力関係（支配－被支配の関係）を構築していることを批判的にとらえ、そのような関係性を解体していく必要があるから、ということになる。そのために、アナキズムの発想は、とても有効である。

では、なぜ、学校で構築されていく「権力関係」が批判されなくてはならないのか。それは、この関係の中で子どもたちが「死んでいる」からである。体罰によって、あるいは指導と称して[☆113]、これまでいったい何人の子どもたちが死に追い込まれてきたのか。学校は、遅刻を厳格に管理するために、鉄の門扉で子どもを圧死させもする[☆114]。通常の教育活動においても、死と隣り合わせの状況はいくらでもある。「日常的にも、世の中には危険がたくさんあるのだから、学校のみを取りあげるのはおかしい」という一般論で、この状況を隠蔽したり、ぼやかしたりする議論はもうやめにしなくてはならない。

「死」というのは、文字通りの意味だけではなく、思考や精神の死も意味する。子どもたちは、常に自らの存在を「評価・評定」され、そのことを気にし、教員の顔色をうかがいながら過ごすことになる。なぜなら、その「評価・評定」が、まるで人間としての価値の指標であるかのような扱いを受けているからであり、また、学びの継続を確保しようとするときの進学にも影響するからである。思考は停止し、自尊感情は大きく傷つけられる。しかも、その「評価・評定」の根拠は、結局は、権力作用による一方的な裁定でしかない[☆115]。この状況の中で、自分の考えを展開させていくことは、かなり難しい。仮に、それができたとしても、「輪を乱す子だ」などと教員から把握されるかもしれず、そのように教員が考えていれば、それを察知した他の子どもたちからのいじめの標的になるかもしれない。だから、「本当のこと」は言えない。卒業するまで我慢すれば済む、という発想になる。

---

☆113　教員による不適切な指導（長時間に及ぶ叱責や尊厳を傷つけるような言動等）によって子どもたちが自死に追い込まれることを「指導死」と呼ぶ。渋井哲也『学校が子どもを殺すとき』（論創社、2020年）などを参照。

☆114　1990年7月に神戸市の公立高校で起きた「校門圧死事件」は、絶対に忘れてはならない。1秒でも遅れれば殺されるかもしれない、学校がそんな場所であっていいはずがない。保坂展人他編『先生、その門を閉めないで』（労働教育センター、1990年）などを参照。

☆115　評価・評定の根拠として、学習指導要領が持ち出されることがある。しかし、そこには、教員のやるべきことは書いてあるが、子どもたちが何をしなければならないかは書いていない。これは、考えてみれば当たり前である。教育への権利を行使しようとする者に、やるべき義務が課されているはずがない。

このような学校は、子どもたちだけではなく、教員をも死に追いやる強力な力をもっている。学校において、子どもや教員は、肉体的にも精神的にも追い込まれていく。これらは、すべて「権力構造」の中にいることによって引き起こされる。したがって、その構造を徹底的に批判し、そこからみんなが解放される道を見つけ出す必要がある。この解放に向かってどのように思考を展開していけばいいのか、それを後押ししてくれるのが「アナキズム」である。それは、権力作用がなくても、というよりもその作用がないほうが、混乱なく、安心してみんなが過ごせる環境がつくられていくことを明らかにしてくれる。だとすれば、これをヒントにこれまでの学校を見直していけば、少なくとも学校で人が亡くなるようなことにはならないのではないか。

ところが、現状は、学校の権力構造が批判されることなく、むしろ、より強められている。しかも、それを「教育的」であるとして、良いことのように語る人々がいる。序章で指摘したように、学校（あるいは学ぶということ）に対する規制は強化されてきている。非常に危機を感じる。規制されなければ、わたしたちは、自らの行動をコントロールできないところまで自律性をそがれてしまっているのだろうか。もし、そうだとすれば、それをいかにして取り戻すのか。本書が考えてきたのはこのことであり、それを学校の中でどう実現していくかということであった。そして、それは、机を動かしてみたり、身体を揺らしたり、おしゃべりしたりといった、日々の生活の小さなところから始まる。それが、支配への抵抗の基盤となっていく。

## おわりに

本書では「そのつど」ということばを多用した。わたしたちは、将来のための準備としてではなく、いまという時を、まさにいま、生きているということに着目したかったからである。これは「目的に唯一の価値をおくか、それともプロセスそのものに、その都度の現在の生に絶対的な意味を見出すか[☆116]」という問題である。そして、学校での学びは、通常は「準備」だとされ、これが子どもを従わせるさまざまな殺し文句を生んでいる

いまのところ、子どもたちは学校に行かざるを得ない。そうであるなら、学校は、(教員も含めて) 安心して過ごせる場所であってほしい。そのために、学校は、どのように変わっていけばいいのか、その方法 (というほど大げさでなく、そのきっかけとなりそうなもの) を示してみたいと思い、本書を書いてきた。第4章で描いてきたような学校であったなら、わたしは、本当に楽しく学校生活を送れただろうな、と思う。振り返ってみれば、実際には、かなり自由に過ごしてきてはいたのだが、それでも、自分の言動が教員からどのように見られているかは、常に意識し

☆116 九鬼周造『時間論 他二篇』岩波文庫、2016年、379頁 (編者である小浜善信による解説より)。

ていた。

本当のことが言えたのは、中学3年の最後の授業のときであった（ちなみに、高校と大学では、本当のことしか言わなかった）。

それは国語の授業であり、担当教員が「1年間のこの授業についての感想を聞かせてほしい」と、学級のみんなに投げかけた。どんな感想が出ることを期待していたのか、なんとなくわかってはいたものの、最初に指名されたわたしは、とっさに「つまらなかった」と言ってしまった。中学校生活最後の授業で言うセリフとしては、ふさわしくなかったのかもしれない。学級委員長であったわたしからこのような発言が出たことで、教員も、まわりの雰囲気も凍りついてしまった。記憶は定かではないが、もうそれ以上、感想は聞かれなかったように思う。

でも、わたしはすぐにその理由を話した。「物語の解説ではなく、もっとみんなの話を聞きたかった」と。同じものを読んでいても、人によってまったく異なる感じ方をするということにかなり興味があり、本当にそれが知りたかったのである。しかし、授業では、どのように読むのかばかりに重きが置かれていた。もちろん、その重要性は理解できていたのだが、いま思えば、わたしは単純に「おしゃべり」がしたかったのだと思う。その国語の教員は、深刻な顔をしながら、わたしのこの感想に真剣に応えてくれた。このとき、わたしは、本当のことを言っても、それを正面から受け止めてもらえるのだ、人は信頼できるのだという体験をしたのだと思う。

その後、校則も制服もない高校（公立）に進学し、アナキズム的雰囲気を少し味わったような気がする。もちろん、その自覚はなかったが。卒業後、仕事などで高校を訪れることがあり、その折、最寄り駅である地下鉄千代田線の根津駅に本の「自由貸出」コーナー（メトロ文庫）が設置されているのを見つけた。あらためて人を信用することの具体を感じることができた。[☆117] それをまねして、第1章でふれたように、現在、勤務校の自分の研究室で、適当にもって行って適当に返しておく「貸出」をしている。ルールの厳しい通常の図書館のイメージに対抗する感じが痛快でもある。

アナキズムの発想を教育と関連させて表現できないか、ずっと考えてきた。確かに、守るべきルールが最初に示されていなくては混乱するのではないか、と普通は考えるだろう。ルールがあるとすれば、それを監視する者が必要だと考えることにもなるだろう。だから、「ルールとその監視者がいないほうがうまくいく」などと言われても、本当かどうか、はじめは疑わしく思われてしまうのも当然である。しかし、そのルールというものも、多くの「混乱」を経て形成されてきたはずである。社会や一定の集団内でのメンバーは常に変化し、また、生活過程の変遷に伴っ

☆117　千代田線の車体を模した3畳分くらいの狭いボックスの中に古い文庫本を中心に本がずらりと並べられていた。久しぶりに駅に行ってみたが、もう撤去されていた。ちなみに高校までの本当の最寄りは、たぶん、今は廃止されている博物館動物園駅（京成電鉄）。

て状況も変化しているという現実を前提とすれば、むしろルールは、そのつど更新されていくと考えたほうがより自然であることがわかってくる。

そして、この「更新」過程自体が常に動的であるために、これまでのルールのイメージから見れば、ルールがないかのように感じられる。しかし、それは、権力者がいないということにすぎない。誰かが統括している状況を抜け出し、自分たちの生活そのものに立ち返れば、実は、これまでのような権力作用は必要なく、かつ混乱することなく秩序が形成されてくるということがわかる。このような観点からいろいろなことを考えていくうちに、この発想に痛快さを覚えるようになる。なぜなら、このアナキズムによって、安心して一息つける時空間が確保できそうだからである。このような議論を、今後、教育の世界で展開していきたいと思っている。

ところで、序章で大学時代にプルードンの著作に出会い魅了されたと述べたが、現実感覚として、アナーキーであることの心地良さと痛快さをわたしに教えてくれたのは、わが家の子どもたち（猫11匹）である。なんとなく集まり、いつの間にか解散している会合、自分の欲求を大切にしつつも相互に様子を見ながら、自然と落ちついていく各自の寝床。争いは極力避けられ、猫パンチはごく稀。実に平和である。この「猫的生き方」が、かつて出会ったアナキズムとの再会を促してくれたのだと思う。

さて、2021年4月に発刊した『学びの本質を解きほぐす』に続いて、出版情勢の厳しい中、今回も新泉社より本書の出版を快諾いただけたことに深く感謝申し上げたい。また、編集の内田朋恵さんからは、前回に引き続き適切なアドバイスをいただき、また資料を紹介していただくなど、大変お世話になった。なお、前書の出版に関連して、浅草の田原町駅近くにある書店Readin' Writin' BOOKSTOREでは、何回もトークイベントを開催させてもらった。その中から本書のアイデアのいくつかが浮かび上がってきた。店主の落合博さんに感謝したい。

さらに加えれば、わたしが個人的に不定期で開いている、中央大学の学生や卒業生を中心とした「読書会」での議論が本書の基盤となっている。そのメンバーにも感謝したい。

## 〈参照文献一覧〉

単行本として刊行され、現在入手しやすいものに限った。本書で言及されていてもここに載っていないものもあり、また、その逆の場合もある。出版年については、それが書かれた当時のものではなく、いま手に入る版のものを原則とした。


芥川龍之介（1968）『羅生門・鼻』新潮文庫
飛鳥井雅道（1996）『大杉栄評論集』岩波文庫
有島武郎（2000）『惜みなく愛は奪う―有島武郎評論集』新潮文庫
粟津則雄（1986）『美の近代』岩波新書
飯田美樹（2020）『カフェから時代は創られる』クルミド出版
市村弘正編（2010）『藤田省三セレクション』平凡社ライブラリー
伊藤計劃（2010）『虐殺器官』ハヤカワ文庫
猪木正道他責任編集（1967）『世界の名著42 プルードン バクーニン クロポトキン』中央公論社
今村仁司（1989）『精神の政治学―作る精神とは何か』福武書店
今村仁司（1998）『近代の労働観』岩波新書
今村仁司（2000）『交易する人間（ホモ・コムニカンス）―贈与と交換の人間学』講談社選書メチエ
岩本通弥他編（2021）『民俗学の思考法―〈いま・ここ〉の日常と文化を捉える』慶應義塾大学出版会
鵜飼哲編著（2022）『動物のまなざしのもとで―種と文化の境界を問い直す』勁草書房
ヴェルコール（1973）『海の沈黙・星への歩み』河野與一・加藤周一訳、岩波文庫
大窪一志（2021）『相互扶助の精神と実践―クロポトキン『相互扶助論』から学ぶ』同時代社

大沢正道編集代表（１９７１）『大杉栄 選 無政府主義の哲学 Ⅱ』現代思潮社
小笠原博毅（２０１９）『真実を語れ、そのまったき複雑性において―スチュアート・ホールの思考』新泉社
小田実（２００８）『「難死」の思想』岩波現代文庫
勝田吉太郎（１９７９）『バクーニン』（人類の知的遺産49）講談社
加藤周一（１９５１）『抵抗の文学』岩波新書
金子文子（２０１７）『何が私をこうさせたか―獄中手記』岩波文庫
河野健二編（１９７４）『プルードン研究』岩波書店
河野健二編（２００９）『プルードン・セレクション』平凡社ライブラリー
菊池久一（１９９５）『〈識字〉の構造―思考を抑圧する文字文化』勁草書房
木田元・須田朗編著（２０１６）『基礎講座 哲学』ちくま学芸文庫
木村敏（２０２２）『異常の構造』講談社学術文庫
木村政樹（２０２２）『革命的知識人の群像―近代日本の文芸批評と社会主義』青土社
キンナ、ルース（２０２０）『アナキズムの歴史―支配に抗する思想と運動』米山裕子訳、河出書房新社
九鬼周造（２０１６）『時間論 他二篇』岩波文庫
クラストル、ピエール（１９８７）『国家に抗する社会―政治人類学研究』（叢書 言語の政治②）渡辺公三訳、水声社
クラストル、ピエール（２０２１）『国家をもたぬよう社会は努めてきた―クラストルは語る』酒井隆史訳、洛北出版
栗原彬（１９９６）『〈やさしさ〉の闘い―社会と自己をめぐる思索の旅路で』新曜社

グレーバー、デヴィッド（２００６）『アナーキスト人類学のための断章』高祖岩三郎訳、以文社
クロポトキン、ピョートル（１９６０）『麺麭の略取』幸徳秋水訳、岩波文庫
クロポトキン、ピョートル（１９７９）『ある革命家の手記』（上下）高杉一郎訳、岩波文庫
クロポトキン、ピョートル（２０１２）『相互扶助再論―支え合う生命・助け合う社会』大窪一志訳、同時代社
クロポトキン、ピョートル（２０１７）『相互扶助論』〈新装〉増補修訂版）大杉栄訳、同時代社
コッローディ、カルロ（２０１６）『ピノッキオの冒険』大岡玲訳、光文社古典新訳文庫
コンスタン、バンジャマン（２０２０）『近代人の自由と古代人の自由・征服の精神と簒奪 他一篇』堤林剣・堤林恵訳、岩波文庫
サリヴァン、ハリー・スタック（２０２２）『個性という幻想』阿部大樹編訳、講談社学術文庫
サルトル、ジャン＝ポール（１９５５）『実存主義とは何か』伊吹武彦他訳、人文書院
サルトル、ジャン＝ポール（１９５６）『ユダヤ人』安堂信也訳、岩波新書
サルトル、ジャン＝ポール他（１９７５）『反逆は正しい』（ＩⅡ）鈴木道彦・海老坂武・山本顕一訳、人文書院
澤田直（２００２）『新・サルトル講義―未完の思想、実存から倫理へ』平凡社新書
サン＝テグジュペリ、アントワーヌ・ド（２０１８）『戦う操縦士』鈴木雅生訳、光文社古典新訳文庫
シェリー、メアリー（２０１５）『フランケンシュタイン』芹澤恵訳、新潮文庫
柴田治三郎責任編集（１９６６）『世界の名著45　ブルクハルト』中央公論社
渋井哲也（２０２０）『学校が子どもを殺すとき「教える側」の質が劣化したこの社会で』論創社
シュトラウス、レオ（２０１３）『自然権と歴史』塚崎智・石崎嘉彦訳、ちくま学芸文庫

神野直彦（2010）『「分かち合い」の経済学』岩波新書
ジンメル、ゲオルク（2016）『社会学—社会化の諸形式についての研究』（上下）居安正訳、白水社
杉田敦（2015）『権力論』岩波現代文庫
スコット、ジェームズ・C.（2013）『ゾミア—脱国家の世界史』佐藤仁監訳、みすず書房
スコット、ジェームズ・C.（2017）『実践 日々のアナキズム—世界に抗う土着の秩序の作り方』清水展・日下渉・中溝和弥訳、岩波書店
セルトー、ミシェル・ド（1990）『文化の政治学』（SELECTION 21）山田登世子訳、岩波書店
セルトー、ミシェル・ド（2021）『日常的実践のポイエティーク』山田登世子訳、ちくま学芸文庫
ダーウィン、チャールズ（2009）『種の起源』（上下）渡辺政隆訳、光文社古典新訳文庫
高内寿夫（2021）『人権の精神—私たちが理解すべきただひとつのこと』成文堂
高野澄（1991）『大杉栄』（Century Books 人と思想91）清水書院
高橋和巳（2014）『邪宗門』（上下）河出文庫
田上孝一（2021）『はじめての動物倫理学』集英社新書
竹端寛（2018）『「当たり前」をひっくり返す』現代書館
多田茂治（2020）『大正アナキストの夢—渡辺政太郎とその時代』皓星社
棚沢直子・草野いづみ（1999）『フランスには、なぜ恋愛スキャンダルがないのか？』角川ソフィア文庫
遅塚忠躬（1986）『ロベスピエールとドリヴィエ—フランス革命の世界史的位置』東京大学出版会
鶴見俊輔（2010）『教育再定義への試み』岩波現代文庫
デフォー、ダニエル（1995）『ロビンソン・クルーソー』鈴木建三訳、集英社文庫
デュルケーム、エミール（1976）『教育と社会学』佐々木交賢訳、誠信書房

トゥアン、イーフー（2018）『個人空間の誕生―食卓・家屋・劇場・世界』阿部一訳、ちくま学芸文庫
富永健一（1996）『近代化の理論―近代化における西洋と東洋』講談社学術文庫
長谷川宏（2001）『同時代人サルトル』講談社学術文庫
長谷川眞理子（2020）『ダーウィン 種の起源―未来へつづく進化論』（「100分de名著」ブックス）
NHK出版
波多野敏（2016）『生存権の困難―フランス革命における近代国家の形成と公的な扶助』勁草書房
ハート、H.L.A.（2014）『法の概念』長谷部恭男訳、ちくま学芸文庫
端山好和（2022）『自然科学の歴史』講談社学術文庫
バルビアナ学校（1979）『イタリアの学校変革論』（シリーズ・世界の教育改革8）田辺敬子訳、
明治図書
平野啓一郎（2012）『私とは何か―「個人」から「分人」へ』講談社現代新書
フェレル、フランシスコ（1980）『近代学校―その起源と理想』（創樹選書7）遠藤斌訳、創樹社
福井憲彦（1995）『「新しい歴史学」とは何か―アナール派から学ぶもの』講談社学術文庫
ペソア、フェルナンド（2019）『アナーキストの銀行家―フェルナンド・ペソア短編集』近藤紀子訳、
彩流社
ボーア、ニールス（2000）『ニールス・ボーア論文集2 量子力学の誕生』山本義隆編訳、岩波文庫
ボーヴォワール、シモーヌ・ド（1955）『人間について』青柳瑞穂訳、新潮文庫
保坂展人他編（1990）『先生、その門を閉めないで―告発・兵庫県立神戸高塚高校圧死事件』
労働教育センター
マアルーフ、アミン（2019）『アイデンティティが人を殺す』小野正嗣訳、ちくま学芸文庫

マッキンタイア、アラスデア（２０１８）『依存的な理性的動物―ヒトにはなぜ徳が必要か』（叢書・ウニベルシタス　１０７６）高島和哉訳、法政大学出版局
松村圭一郎他編著（２０１９）『文化人類学の思考法』世界思想社
松村圭一郎（２０２０）『はみだしの人類学―ともに生きる方法』（ＮＨＫ出版　学びのきほん）ＮＨＫ出版
松村圭一郎（２０２１）『くらしのアナキズム』ミシマ社
的場昭弘（２０２０）『未来のプルードン―資本主義もマルクス主義も超えて』亜紀書房
三木清（１９５４）『人生論ノート』新潮文庫
三木清（１９８０）『パスカルにおける人間の研究』岩波文庫
水田洋（２０２１）『「知の商人」たちのヨーロッパ近代史』講談社学術文庫
宮本太郎（２０１７）『共生保障―〈支え合い〉の戦略』岩波新書
宮本常一（１９８４）『忘れられた日本人』岩波文庫
宮本常一（２０１２）『生きていく民俗―生業の推移』河出文庫
務台理作（１９７６）『哲学十話』講談社学術文庫
森明子編（２０１４）『ヨーロッパ人類学の視座―ソシアルなるものを問い直す』世界思想社
森政稔（２０２０）『戦後「社会科学」の思想―丸山眞男から新保守主義まで』ＮＨＫ出版
森まゆみ編（２０１９）『伊藤野枝集』岩波文庫
森元斎（２０１７）『アナキズム入門』ちくま新書
モル、アネマリー（２０２０）『ケアのロジック―選択は患者のためになるか』（〈叢書〉人類学の転回）田口陽子・浜田明範訳、水声社
柳田国男（１９７６）『遠野物語・山の人生』岩波文庫

山内得立（1952）『実存と人生の書』創藝社
ユクスキュル、ヤーコプ・フォン／クリサート、ゲオルク（2005）『生物から見た世界』日高敏隆・羽田節子訳、岩波文庫
吉田量彦（2022）『スピノザ―人間の自由の哲学』講談社現代新書
ライプニッツ（2019）『モナドロジー 他二篇』谷川多佳子・岡部英男訳、岩波文庫
ルフェーヴル、ジョルジュ（2007）『革命的群衆』二宮宏之訳、岩波文庫
和辻哲郎（2007）『人間の学としての倫理学』岩波文庫

## 索引

池田賢市（いけだ・けんいち）
1962年東京都足立区生まれ。筑波大学大学院博士課程教育学研究科単位取得中退後、盛岡大学および中央学院大学での講師・助教授を経て、現在、中央大学（文学部教育学専攻）教授。博士（教育学）。大学では、教育制度学、教育行政学などを担当。専門は、フランスにおける移民の子どもへの教育政策および障害児教育制度改革の検討。1993～94年、フランスの国立教育研究所（INRP、在パリ）に籍を置き、学校訪問などをしながら移民の子どもへの教育保障のあり方について調査・研究。共生や人権をキータームとして研究を進めている。著書に、『学びの本質を解きほぐす』（新泉社）、『フランスの移民と学校教育』（明石書店）、共編著に『人の移動とエスニシティ―越境する他者と共生する社会に向けて』（明石書店）、『教育格差』（現代書館）、共著に『「特別の教科 道徳」ってなんだ？』（現代書館）など。

学校で育むアナキズム

2023年4月12日　第1版第1刷発行

著　者　池田賢市
発行者　株式会社 新泉社
東京都文京区湯島 1-2-5 聖堂前ビル
TEL 03-5296-9620　FAX 03-5296-9621
印刷・製本　創栄図書印刷株式会社

ISBN　978-4-7877-2211-9　C0037